선도국가

국민이 행복한 나라를 위한 새로운 차원의 성장과 배분

선도국가

김명수 김홍열 김학영 김형곤 김주형 김석건 강해인

박인수 맹진영 이금규 정자춘 조길영 조일출 지음

모아북스
MOABOOKS

왜 선도국가이어야 하는가?

12.3 내란 사태 이후 대한민국은 '내전'을 방불할 정도로 극심한 분열을 겪고 있다. 단순히 정치 권력을 둘러싼 정치적인 내전만이 아닌 시민사회의 이념적 지향과 정서적 대립 갈등까지 개입된 총체적인 혼란 상태다.

무능하고 무책임한 윤석열 정부는 대한민국의 경제적 성과와 민주주의의 역량을 한 세대 이전으로 퇴행시켰다. 이에 새 정부 출범과 함께 국가경쟁력 강화를 위해 선도국가 지위 확립을 위한 전 영역에서의 과감한 혁신이 필요하다.

선도국가로의 출발이 대한민국의 미래다

　정답이 정해진 것은 아니다. 정답보다 소중한 것은 정답에 이르고자 하는 진정 어린 고민과 실천이다. 특히 국민을 대변하는 정치가 그 모습을 보일 때, 대중은 대립하고 갈등하며 배척하던 손길을 멈추고 다시 꿈꾸기 시작할 것이며, 미래에 대한 긍정적인 의지로 희망의 씨앗을 심기 시작할 것이다. 그것이 극단적인 진영 대립과 갈등의 낡은 옷을 벗어 던져 버리고 국민 총화의 사회적 동력 형성에 기꺼이 동참할 것이다.

　그리고 국민적 합의와 새 정부의 성장을 이루고, 지금까지 난맥상을 보여 온 사회 각 부문의 모순과 불합리를 뛰어넘어 충실한 정책을 세우고 실행하여 완전히 다른 대한민국을 만들 수 있도록 하는 데 일조하고자 한다. 이 책은 그런 고민과 바람을 실은 제안을 담고자 한 작지만 소중한 성과물이다.

김명수 법학 박사

대한민국의 미래를 위한 길

한국의 정치, 경제, 사회, 문화 등 각 부문 요소들이 비약적인 발전을 하고 사회 문화적 양태와 역량은 불과 얼마 전까지도 상상하기 힘들 정도로 다양화되면서 확장되었다. 세계정세는 급변하고 현대 과학기술은 인공지능을 만들고 활용하는 단계에까지 이르렀다. 당연히 법과 제도는 우리 안팎의 이러한 폭발적인 변화를 담아내지 못하고 있다는 자각이 잇따르고 있다.

그래서 변화된 시대에 발맞춰 헌법이 담는 지향과 철학을 확장하고 바꿔낼 때 정치개혁과 지방자치의 완성이 가능하다. 이 상호연관성을 제대로 인식하지 못해 방향과 실마리를 찾지 못하고 있다는 것이 현재 한국 정치의 핵심적인 문제다.

현재 우리 사회가 겪고 있는 대립과 갈등, 그로부터 빚어지는 분열과 혼란상, 극단적인 진영 대립은 왜 이토록 극성스럽게 발호하는가 하는 문제도, 결국 우리 국가의 지향과 전망, 국가 통치 철학이 헌법에서 제대로 방향을 잡아주고 틀을 만들어주지 못하다 보니 벌어지는 난맥상이다.

우리 저자들은 이런 문제 인식을 분명히 하면서 이 책을 통해, 다음 정부는 어떤 정부가 되어야 하고, 어떤 사회로 이끌어야 하는가에 대한 사회 부문별 과제와 정책 방향을 이야기하고자 한다. 이를 위해서 우리 헌법이 어떤 지향과 내용을 담아야 하는지를 함께 모색하고자 한다.

선도국가는 어떤 가치를 지향해야 하는가?

미국의 양심이라 불리는 석학 노암 촘스키(Avram Noam Chomsky)는, "인간이면 누구나 자기가 속한 사회에 대해 올바른 판단을 내리고 행동에 옮길 수 있어야 하며, 인간사에 중대한 의미를 갖는 문제에 대한 진실을 대중에게 알리려고 노력하는 것이 "지식인의 책무" (Writers and Intellectual Responsibility, 1995)라고 주장했다. 21세기를 대표하는 행위예술가 마리나 아브라모비치는 "세상은 각성한 개인이 저마다 실천할 때만 변화될 수 있다"고 했다.

우리는 지난 12.3 내란의 위기를 각성한 시민의 실천으로 이겨낸 한 편의 장대한 드라마를 보면서 이 말들에 더욱 주목했다.

'양심'은 사물의 가치를 변별하고 자기의 행위에 대하여 옳고 그름과 선과 악의 판단을 내리는 도덕적 의식으로 인간만이 가질 수 있는 고귀한 가치다. '행동'은 양심에 따른 가치를 구체적인 실천으로 드러내지 않으면 쓸모없는 관념에 머무르므로, '행위'로 드러낼 때 비로소 가치를 갖는다.

　주권자이자 피억압자이던 주권자들이 오랜 질곡을 깨트리고 1987년 민주항쟁을 통해 대통령 직선제 헌법을 쟁취한 이후, 좀체 한 걸음을 더 내딛지 못하고 있는 체제적 한계를 뼈아프게 직시해야 한다. 신자유주의의 수탈경제가 한국 사회에 유입되고 한국 경제의 근간을 흔들어 혈관을 잠식하는 상황은 제6공화국 체제 속에서 성장해 온 기득권 세력의 과두지배가 강화된 결과라고 진단한 노회찬의 통찰은 옳았다. 정당정치를 구성하는 모든 정당은 이 문제에 관한 한 자유롭지 못하다. 제도권 정치 논리와 정치적 이해관계에 매몰되어 구체제를 극복하는 노력이 부족했고 실패했기 때문이다.

국제 질서를 뒤흔드는
트럼프의 패권전략과 신고립주의

지난 20세기는 배타와 적대와 폭력이 만연한 시대로 두 차례의 세계전쟁과 숱한 국지전이 벌어져 1억 명이 넘는 사상자를 내고 막을 내렸다. 이때 남긴 적대와 분쟁의 불씨가 21세기로 이어져 팔레스타인 가자지구와 우크라이나를 파괴하고 있다. 이런 와중에 민주적 제도와 법치주의 위에 세운 근대 민주주의가 곳곳에서 위협받고 있다. 유럽에서 극우세력이 의회 진출로 정치세력화에 성공하며 기세를 올렸고, 미 대선에서는 공화당의 트럼프가 승리했다.

21세기판 파시즘이라 비난받는 '트럼피즘'이 세계 유일의 초강대국 미국을 장악하게 된 것이다. 트럼피즘의 승리는 미국의 헤게모니, 즉 '동의에 의한 지배'의 장례식이다. 세상은 묻는다. "불과 4년 전에 대선 패배에 불복하고 의사당 침탈을 사주한 범죄자가 어떻게 다시 미국인의 선택을 받게 되었는가?"

답은 여러 갈래지만, '우리가 이전에 경험해보지 못한 새로운 시대를 살게 되었다'는 사실은 분명하다. 자유민주 진영으로서 서구는 이미 존재하지 않는다는 '서구의 종언'은 트럼프의 귀환으로 현실화하는 것으로 보이며 공동의 가치 기반이 무너졌다. 유럽 곳곳에서 극우의 약진이 두드러진다. 성조기를 치켜든 한국의 극우도 보수정당의 비호를 업고 세를 불려 법치의 상징인 법원을 침탈함으로써 헌법 위에 군림하는 '폭력적이고도 자의적인 국민저항권'을 내세웠다. 한국판 트럼피즘의 발호 현상이다.

《쇼크 독트린: 자본주의 재앙의 도래》 저자이자 환경운동가 나오미 클라인은 "트럼프의 등장은 돌발적인 것이 아니라 우리가 초래한 결과" 라고 비판한다. 진짜 문제는 백악관의 트럼프가 아니라 '우리 내면의 트럼프' 라는 것이다.

이명박 전 대통령이 4대강 사업을 '녹색 성장' 으로 포장해 국민을 현혹했듯이, 클라인은 "녹색 자본주의는 환상이다. 기업들이 기후 위기를 해결한다고 주장하지만, 실상은 기후 위기를 통해 돈을 벌고 있다" 고 일침을 날렸다.

인류의 기후 위기조차 돈벌이 수단으로 삼는 것, 이것이 트럼프식 정치이자 트럼피즘이라 지칭되는 대표적인 행태이다. 트럼피즘은 미국 외교정책의 'Moneyball America' 의 전형적인 모습이다. 'Moneyball America' 란 국제문제에 미국이 선별적으로 개입하되, 이익을 우선하는 미국의 외교정책이다.

트럼프는 집권과 동시에 서구의 자유주의가 쌓아온 정치적 성취와 문화적 자산 그리고 서구의 정치 군사적 동맹 관계를 깡그리 무시하고 있다. 아울러 미 극우 집단의 중핵인 정치-군산복합체에 기반한 신자유주의 세력 네오콘과 월스트리트 금융자본이 구축한 신자유주의적 질서인 '세계화' 마저도 무시하고 나섰다.

트럼프는 "American First"와 MAGA(Make America Great Again) 구호 속

에 국가주의, 민족주의, 애국주의와 같은 낡은 이데올로기를 다시 소환했고, "미국을 위한 정치, 미국을 위한 외교"를 내걸며 '유럽에 대한 고립, 극동에 대한 동참 압박'을 하는 신고립주의를 강화하고 나섰다. 신고립주의는 기존의 고립주의와 달리 '돈'을 중요하게 생각한다.

미국의 경제 상황이 악화되고 다른 국가의 힘이 커질수록 미국이 군사외교를 경제외교로 이용하려 들기 때문이다. 전에 없던 낯선 세계가 열린 것이다. 당분간 국제 질서는 미 네오콘을 대체하여 마가 (MAGA) 세력이 세계 질서를 통제하고 주도할 것이다.

지금까지 미국을 대해온 관성으로는 트럼피즘에 대응하기가 쉽지 않을 전망이다. 외교 통상정책에서 더욱 지혜롭고 실리적으로 유연해져야 하며 과감한 선택과 집중이 필요할 것으로 전망된다. 그러자면 트럼프가 의도하고 지향하는 국제 패권전략에 대한 충실한 이해와 대비가 필요하다. 그것이 바로 트럼프가 구상하는 '3대 패권 강화 전략' 즉, 〈인공지능(AI)과 과학기술패권 강화, 에너지 패권 강화, 글로벌 공급망 및 해양패권 확보〉전략에 대한 이해와 체계적인 대응책을 마련해야 할 것이다.

그리고 독일의 제8대 연방 총리인 앙겔라 메르켈의 말처럼 "낡은 것을 버리는 건 새로운 시작의 일부"다. 87년 체제의 극복은 선도국가를 여는 새로운 시작이다. 새로운 공화국이 어떤 나라가 될지 결정하는 최종 승인자는 국민이다. 낡은 공화국을 닫는 것도 새로운 공화국을 여는 것도 모두 국민이 결정하고, 그 내용도 국민이 채운다. 선도국가의 새 헌법은 시대착오적 구태를 청산하고 명실공히 국가를 움직이는 기본 원리로 온전히 작용하기를 바란다.

한반도가 트럼피즘의 폭풍 한가운데에 놓인 가운데 대한민국은 국가 리더십 부재라는 극도의 불안정한 과도기를 지나고 있다. 우선 무엇보다 가장 시급한 일은 새로운 리더십을 세우는 일이다. 새 정부는 국가적 위기를 해소하고 미국의 전략과 국제 질서에 대응하는 국가 전략과 부문 정책을 수립하고 실행해가야 한다. 이 책은 바로 그런 고민과 지향을 담아 다음 정부가 해야 할 부문별 과제를 제시해보고자 여러 사람의 생각을 모아 출간하게 되었다.

| 차례 |

4장　선도국가로 가는 혁신 과제

1장

국가에 관하여

오늘날 통용되는 국가의 개념은 대개 사회계약론에 사상적 기반을 둔 것으로 이해한다. 홉스의 사회계약론이 성립하기 위해 전제되는 조건을 보면 인간은 모두 평등하다는 평등사상이 맨 앞에 선다. 인간은 모두 이기적이어서 자신의 생명과 재산의 보호를 최우선의 목표로 하지만, 더불어 인간은 모두 합리적이어서 '만인에 대한 만인의 투쟁 상태'를 방지함으로써 공멸을 면한다고 주장한다. 사람들이 특정 개인이나 집단에 권력을 몰아주어 국가와 함께 강력한 지도자가 등장함으로써 비로소 갈등상태를 강제로 해결할 힘을 지니게 된다는 것이다.

국가의
기원과 개념 ●━━━━━━━━

> 다양성은 국가의 힘이다.
> 버락 오바마

국가란 무엇인가?

이 질문은 얼핏 단순하지만, 복잡하고도 미묘한 정치적 의미를 내포한다. **국가는 구성원이 공유하여 깃들어 사는 공동체지만, 구성원을 억압하고 통제하는 합법적 무력의 다른 이름이기도 하기 때문이다.**

아리스토텔레스는 공동체 생활을 하는 인간 특성상 자연스럽게 생겼다는 '자연발생설'을 주장하고, 토머스 홉스를 비롯한 근대 사상가들은 '사회계약설'을 주장한다. 국가의 사전적 의미는 '일정한 영토와 거기에 사는 사람들로 구성되고, 주권에 의한 하나의 통치 조직을 가진 사회 집단'이다. 즉, 국민·영토·주권의 3요소를 필요로 한다. 하나로 통일된 중앙정부가 영토 내에 대해서 자주권을 행사할 수 있는 정치적 단위로 국가를 규정한 것이다. 막스 베버에 따르면 국가는

'특정 영토 안에서 정당한 물리적 강제력의 독점을 효과적으로 관철한 유일한 인간공동체'라고 했다.

그밖에도 국가는 영속적 체제 존속을 목적으로 하는 초거대 정치 결사 공동체, 사유 재산을 보호하는 것이 그 목적인 결사체, 개인들의 양도된 권리를 모아 대행하는 주체, 법을 제정하고 집행하는 주체, 지배계급의 집단적 이익을 수호하는 기관 등으로 규정되기도 한다.

국가는 법과 제도로써 국민 개개인의 삶을 강제하기도 하지만, 주권자이자 시민으로서 권리와 재산을 보장하고, 안전하고 건강하게 살 수 있도록 보호하며, 자유와 행복을 누리면서 살 수 있는 권리를 제공한다.

국가(state)의 어원은 스타토(stato)로, 15세기 이탈리아에서 도시 국가를 지칭한 말이다. 마키아벨리가 《군주론》에서 이 말을 사용한 이후 널리 퍼졌다. 흔히 국가의 개념을 정부(government)나 민족(nation)과 혼동하기도 하는데, 정부는 국가의 한 요소이지 국가의 동의어는 아니다. 그리고 민족 역시 국가의 개념을 대체할 수 없다. 하나의 민족이 여러 국가를 이루기도 하고, 여러 민족이 모여 하나의 국가를 이루기도 하기 때문이다.

국가의 구성 요소 가운데 '주권'은 국가의 의사를 최종적으로 결정하는 권력으로, "대내적으로는 최고성을, 대외적으로는 독립성을 의미"(장 보댕 _정치이론가)한다. 주권은 왕정 시대에는 왕권을 강화하기 위한 개념으로 출발했지만, 근대에 이르러 정립된 사회계약론을 통해 대내적으로는 사람들이 국가에 양도한 권력을 의미하고, 대외적으로는 독립적인 국민국가 개념으로 발전했다.

국가의 본질과 역할을 규정하는 국가론은 사상적으로 국가주의, 자유주의, 마르크시즘적 관점에 따라 달리 규정된다.

국가주의(이념형 보수주의)는 토머스 홉스가 '사회계약'을 국가의 기원으로 본 데서 비롯하는데, 절대권력을 행사하는 전제군주제를 이상적인 국가 형태로 본다.

자유주의(시장형 보수주의)는 존 로크, 장 자크 루소, 존 스튜어트 밀 등이 국가보다 개인을 중시한 데서 비롯한다. 여기서는 "주권재민과 법치주의 없는 국가 권력은 정당성이 없다"(로크), "개인의 자유가 박탈된다면 사회계약을 파기하고 정부를 해체해야 한다"(루소), "개인의 정당한 자유에 대한 구속은 자기보호를 위해 필요할 때 뿐"(밀)이라는 주장으로 국가의 역할을 규정한다.

마르크시즘(진보주의)은 "국가는 계급지배의 착취 도구에 불과하며, 노동자에게 조국은 없다"는 인식을 바탕으로 한다. 역사 발전 단계에 따라 국가는 소멸하는 것을 전제로 프롤레타리아 혁명을 통한 국적 없는 공산주의 세계 건설을 지향하는 것이 마르크시즘의 요체다.

국가의 성립 요건

국제법상의 일반원칙으로 인정되는 '국가의 권리와 의무에 대한 몬테비데오 협약(1933년)' 제1조는 국가의 필요조건으로 영속적인 인구, 분명한 영토, 독립된 정부, 외교력을 든다.

일반적으로 국민·영토·주권이 국가의 3요소로 꼽히는데, 제도로서 국가는 '국제사회의 승인'이 중요한 조건이 된다. 이는 외교력에 속하는 것으로, 사실상 '행정기구'에 가까운 바티칸 시국은 주권국으로 인정되는 데 비해, 완벽한 국가 요소를 갖춘 대만은 외교적인 이유로 온전한 국가로서 인정받지 못하는 현실이 바로 그런 이유에서다.

그렇다고 해서 대만이 국가가 아니라고 할 수 없는 이유는 국가의 성립과 존재에 다른 나라의 승인이 꼭 필요하지만은 않기 때문이다. 물론 외교 관계를 맺으려면 외교 상대국으로부터 '국가' 인정을 받아야 하지만, 그게 아니라면 몬테비데오 협약 제3조 규정처럼 국가의 정치적 존재는 타국과는 무관하다.

국제 외교 관례상 호혜주의에 따라 타국이 자국을 승인한 경우 상대국을 승인하는 상호승인이 일반적이지만, 남·북한 관계에서 보듯이 꼭 그래야만 하는 건 아니다. 대한민국은 북한을 국가로 승인하지 않으면서 북한이 실효 지배하는 영역까지 헌법상 영토로 규정하고 있어서 헌법을 개정하지 않은 이상 북한을 국가로 승인할 수도 없다.

그에 비해 북한은 자국 영토를 한반도 북부로 규정하면서 남한을 교전 관계의 국가로 인정하는 적대적 승인 방식을 채택하고 있으며, 국제적으로 남한과 북한이 사실상 별개의 국가로 존재한다는 데 이의를 두지 않는다.

어떤 국가를 가질 것인가

국가는 국민 개개인을 통제할 수 있는 가장 직접적인 대규모 집단이다. 무력과 법을 독점한 국가는 개인이나 집단의 도전을 용납하지 않으므로, 현재의 국가를 인정하지 않고 새로운 국가를 세우려는 개인이나 집단을 반란죄로 처벌할 수 있다. 또 공동체 집단 내부에서 벌어지는 갈등과 분쟁을 중재나 무력으로 예방하거나 해소하기 위해서라도 국가가 필요하다는 주장도 설득력을 지닌다. 토머스 홉스가 "국가 권력은 비록 거대 괴물(리바이어던 Leviathan)과도 같지만, 그마저도 없으면 사회는 만인에 대한 만인의 전쟁상태가 될 것"이라고 한 게 대표적이다.

국가도 인류의 정교한 교직물이다. 인류가 다른 동물과 다른 것 중하나는 '상상의 관념을 공유할 수 있다는 것'이다. 국가 역시 상상의 관념으로, 국가의 허구성은 고통의 수용 여부를 따져보면 명확해진다. 가령 '대한민국'이라는 상상의 관념은 고통을 느낄 수 없는 추상이므로 그것이 비록 망하더라도 그것 자체는 아무런 감정은 느낄 수 없다. 그러한 감정은 대한민국이라는 국가가 아니라 그에 소속된 각개 국민만이 느끼는 것이다.

현대 사회에서도 대개 국가는 필요한 것으로 합의되지만, 어떤 국가라도 국가이기만 하면 된다는 건 아니다. 국가를 최우선의 사회 조직으로 규정하고 국가 권력에 사회 전반의 광범위한 통제력을 부여해야 한다거나, 국가의 이익을 공동체 소속 개개인의 이익보다 무조건 우선해야 한다는 '국가주의'는 전체주의로 흐를 위험성이 크므로 경계해야 한다. 국가주의가 극단으로 흐르면 일사불란의 획일화를 교조로 하는 전체주의로 비화하는데 그것이 바로 스탈린주의, 파시즘, 나치즘 같은 사상이다.

넓게 보면 우파적 사회정책(소수차별금지법 반대, 징병제 옹호 등)은 물론이고 좌파적 경제정책(부의 재분배 등) 역시 복지의 확대를 위해 국가의 존재를 부각하고 제도의 역할을 개인보다 중요하게 여긴다는 점에서 국가주의와 상통하는 면이 있다. 그러므로 국가주의 비판은 아나키즘이나 자유지상주의 정치철학에서 나온 논리이지 좌우 이념과는 별 상관이 없다. 정치세력은 좌우를 막론하고 자신들의 입맛에 맞지 않은 정부를 비판하지만, 결국은 국가 권력의 해체가 아니라 정권 획득에 목적을 두기 때문이다.

이론상 고전적 자유주의는 국가주의에 반대한다. 국가의 역할을 최소화하는 작은 정부를 추구하고, 개별의 자유를 최대한 보장하자는 것이 자유주의적 국가관이기 때문이다. 우리 사회는 전통적으로 내셔널리즘으로서의 국가주의적 성향이 강하지만, 여러 정치사상이 혼재되어 논리적으로 국가주의에 반하는 사상들과도 융합해온 사례가 흔하다.

앞에서 스탈린주의, 파시즘 같은 전체주의를 극단의 국가주의의 예로 들었다. 이에 더해 공산주의도 국가주의로 봐야 한다는 주장이 있지만, 마르크시즘에 따르면 그 반대다. 물론 (마르크시즘 본질과는 동떨어진, 즉 변질한) 현실의 공산주의는 강한 국가주의적 면모를 보이지만, 마르크스가 지향한 공산주의는 국가의 소멸을 전제하므로 아나키즘에 가깝다. 그런데 바쿠닌은 마르크스를 국가주의자로 규정하고 그와 결별한다. 하나의 당(공산당)이 모든 국가 권력을 장악하고 경제와 사회를 완전히 통제해야 한다는 사상은 국가주의와 다르지 않다고 비판한 바쿠닌은 마르크스와 함께 제1인터내셔널을 이끈 사회주의 혁명가다.

노암 촘스키는 초기 마르크시즘이 이데올로기적으로 일관되지 못한 나머지 반국가주의와 국가주의가 혼재하는 모순에 빠졌다고 지적한다. 반국가주의는 로자 룩셈부르크를 거쳐 좌파 공산주의로, 국가주의는 레닌을 통해 레닌주의로 각기 분열되었다는 것이다. 결국, 마르크스가 궁극적으로 지향한 공산주의는 어디에서도 실현되지 못한 셈이다.

오늘날 통용되는 국가의 개념은 대개 사회계약론에 사상적 기반을 둔 것으로 이해한다. 홉스의 사회계약론이 성립하기 위해 전제되는 조건을 보면 인간은 모두 평등하다는 평등사상이 맨 앞에 선다. 인간은 모두 이기적이어서 자신의 생명과 재산의 보호를 최우선의 목표로 하지만, 다른 한편으로 인간은 또한 모두 합리적이어서 '만인에 대한 만인의 전쟁상태'를 방지함으로써 공멸을 면할 수 있다고 주장한다. 사람들이 특정 개인이나 집단에 권력을 몰아주어 국가와 함께 강력한 지도자가 등장함으로써 비로소 갈등상태를 강제로 해결할 힘을 지니게 된다는 것이다.

존 로크의 사회계약론에서 가장 중요한 인간의 권리는 '신체의 소유'가 포함된 재산권이다. 로크는 간접민주제를 가장 이상적인 정치 형태로 보았다.

장 자크 루소의 사상은 1789년 프랑스 혁명에 커다란 영향을 끼쳤다. 당시 프랑스 국왕 루이 16세가 루소와 볼테르의 글을 읽고 "나의 왕국을 쓰러뜨린 건 바로 이 두 사람"이라고 탄식했을 정도였다.

루소가 지적한 당대의 문제는 《인간 불평등 기원론》에서 제기한 '소유의 불평등'에서 출발한다. 불평등을 해소하려면 소유가 존재하지 않는 자연 상태로 돌아가야 하는데, 그것은 현실적으로 불가능한 일이므로 그 대안으로 제시된 것이 《사회계약론》이다. 자발적 사회계약에 모두가 동등하게 따름으로써 자유와 평등을 충족한다는 것이다.

왜 복지국가인가?

현대 국가는 대개 '복지국가'를 지향한다. 복지의 확대가 오늘날 국가의 보편적인 지향점이 된 것이다. 위에서 언급한 국가 개념으로 보면 복지국가는 국가사회주의에 가깝다. 복지 체계가 가장 잘 구현된 북유럽 국가들은 일찍이 국가사회주의를 추구해왔다.

1980년대부터 거세진 신자유주의 바람으로 인해 국민에 대한 공공 서비스와 사회적 혜택이 급격히 축소되었는데, 2008년에 터진 금융위기를 계기로 쌓여온 온갖 사회적 문제가 폭발하여 초미의 정치 의제로 대두했다.

사회 안전, 사회 통합, 사회 정의를 실현하기 위해 자본주의의 폭주를 어떻게 제어할 것인가 하는 질문에 '복지국가'만이 의미 있는 해답을 제시하는 실정이다.

오늘날 복지국가의 모범으로 얘기되는 북유럽 국가들은 빈곤층뿐만 아니라 전 국민에게 동등하게 복지 혜택을 제공하는 보편복지를 실행함으로써 중산층과 부자들의 조세저항을 무마하고 갈등과 분열의 여지를 없앴다.

그뿐 아니라 보편복지는 정치적 힘의 원천이 되었다. 건강관리, 고등교육 및 주택담보 세금공제와 같은 프로그램들은 부자들에게도 요긴한 쓰임이 되었고, 중산층 여성은 높은 수준의 교육을 받음으로써 전문직 경력을 추구하게 되었다. 기업은 잘 훈련되고 건강한 노동력을 확보하게 되고, 생산성 향상과 임금 협상을 노동조합과 함께하면서 장기비전 수립이 가능해지면서 더욱 경쟁력을 높이게 되었다. 여러 복지국가에서 노동조합은 갈등이 아니라 통합의 주체가 되고, 정부의 경제적 과업을 의논하는 주요 카운터파트너가 되었다.

02

국가체제와
정치체제 •————————————

> 강대국의 책임은
> 세계를 지배하는 것이 아니라
> 세계에 봉사하는 것이다.
> H. S. 트루먼

'민주공화국' 이 말하는 국체(國體)와 정체(政體)

국가의 권력이 어디서 나오는지, 즉 국가의 주권자가 누구냐에 따라 국가체제가 결정된다. 주권자란 국가 의사결정의 최종 승인자를 의미한다. 최종 승인자, 즉 주권자는 군주제 국체라면 국왕이고 공화제 국체라면 국민이다. 그래서 "대한민국은 민주공화국이며 주권은 국민에게 있고, 모든 권력은 국민으로부터 나온다"고 헌법에 명시한 것이다.

국체는 앞에서 살펴본 대로 크게 군주국과 공화국으로 나뉜다. 군주국은 다시 전제군주국과 입헌군주국으로, 공화국은 민주공화국과 귀족공화국으로 나뉜다. 국체는 국가를 누가 다스리며, 권력은 누구에게 있는지에 따라 달라진다. 서양의 플라톤은 (지혜를 지니고 선과 정의를 아는) 철학자가 왕이 되어 국가를 통치해야 한다고 주장한다. 동양의 맹자도 그와 일맥상통한다. 덕을 갖춘 군자가 통치함으로써 덕치를 실현해야 한다고 주장한다.

현대 국가론에 풍부한 영감을 제공한 칼 포퍼는 "사악하거나 무능한 지배자들이 심한 해악을 끼치지 않게 하려면 정치제도를 어떻게 조직할 것인가?" 하는 문제를 정치철학이 다뤄야 할 올바른 질문으로 내세우면서 문제의 근본적인 해법으로 '민주주의'를 제시한다.

미국의 정치학자 데이비드 이스턴은 정치를 '사회적 가치의 권위적 배분'으로 규정했는데, 이는 민주주의 체제에서 정치의 본질을 가장 잘 해명한 것으로 평가된다.

인간이 사회를 이뤄 살기 때문에 정치가 성립되는 것인데, 그 사회를 유지하는 자원은 한정되어 있으므로 이의 적정한 분배에 그 사회의 존망이 걸려 있다. 이러한 분배의 문제를 풀기 위해 정치가 성립하고 필요하다는 것이다.

분배의 문제는 국가 차원에서는 개인과 기업에 세금을 어떻게 부과하고 그 세금을 어디에 얼마나 사용할지를 정하는 것이다. 기업 차원에서는 이윤 창출을 위해 무엇을 최우선 순위로 선택하여 얼마나 집중할 것인지, 개인이나 가정 차원에서는 생활비를 어떻게 벌고 어디에 얼마나 쓸지를 결정하는 일이 분배의 문제가 된다.

분배의 문제에 대한 정치적 결정은 대화에서부터 법과 제도, 행정

명령 등의 권위적 강제 또는 독재적 폭력에 이르기까지 다양한 수단을 통해 이뤄지는데 그 수단은 정치체제로부터 비롯한다. 민주주의 정체에서는 삼권 분립과 언론 자유를 기반으로 끊임없는 조정과 합의에 따라 정치적 결정이 이뤄지지만, 권위주의 정체에서는 개인 또는 일당 독재를 통해 억압과 폭력으로 모든 비판과 반대를 주저앉히고 정치적 결정을 독단으로 관철한다.

이데올로기의 재발견

정치체제는 정치사상, 즉 이데올로기와 밀접하게 연결된다. 이데올로기는 '세계를 바라보는 관점이나 사상'이라는 원래 뜻에서 의미가 축소되어 '정치 이념'과 동의어로 쓰인다. 학문적으로는 프랑스 혁명 당시 철학자 데스튀트 드트라시가 '기존의 종교, 형이상학적인 방식에서 벗어나 관념을 합리적으로 연구하는 것'을 일컫는 말로 썼다. 오늘날에는 이데올로기가 철 지난 낡은 개념으로 치부되지만, 정치가 극단의 이데올로기로 양극화하는 것은 아이러니다.

20세기까지는 크게 3가지 이데올로기(자본주의, 공산주의, 파시즘)가 세계를 지배했다. 제2차 세계대전 동안 미국이 이끄는 자본주의와 소련이 이끄는 공산주의는 서로 손잡고 파시즘에 맞서 전쟁을 승리로 이끌었다. 그러나 미·소를 비롯한 양쪽의 동맹국 진영은 전쟁이 끝난 1945년부터 소비에트연합의 붕괴가 일어나기 전인 1991년까지 서로 갈등, 긴장, 경쟁 상태를 이어가는 오랜 냉전에 돌입했다가, 1991년 소련이 해체됨으로써 자본주의가 공산주의와의 대결에서 최종 승리했다. 이렇게 해서 이데올로기의 갈등이 끝날 것으로 보였지만, 갈등은 인종·종교·젠더·세대·문화로까지 번짐으로써 오히려 확대되어 다층적이고 복잡한 양상을 띠게 되었다.

이데올로기는 정치 현상을 이해하는 데 도움이 될 뿐만 아니라 사회 갈등이나 위기 국면에서 다양한 해답을 제시하면서 정부 정책이나 정치적 결정에 대해 옳고 그름의 판단 기준을 제공한다.

하나의 정부 정책을 두고도 저마다 이데올로기 성향에 따라 찬반이 갈린다. 자유주의자라면 개인의 자유 확대에 얼마나 도움이 될지 살필 것이고, 사회주의자라면 복지의 확대에 얼마나 도움이 될지 살필 것이며, 페미니스트라면 여성의 권익 신장에 얼마나 도움이 될지 살피고 따질 것이다.

또 이데올로기는 지지자들에게 정체성을 부여한다. 그리하여 사람들이 인종·민족·젠더 등 자신이 속한 집단과 세상과의 관계를 명확히 설정하는 데 이바지한다. 자신의 정체성이 사회주의자라면 노동자로서 또는 그 편에 서서 자본가와 맞설 것이고, 페미니스트라면 여성으로서 가부장제와 성적 억압을 끝내는 데 힘쓸 것이다.

오늘날, 이데올로기는 흔히 척결해야 할 대상으로 공격받는데, 이데올로기 자체가 나쁘거나 부정적일 리는 없다. 사회 구성원 대다수가 이데올로기를 공유하면 대화와 타협을 통해 상호 이해와 사회 통합을 끌어내는 데 도움이 된다. 그러나 합의를 이루지 못하고 갈등이 지속되거나 증폭되다 보면 서로를 혐오의 대상으로 삼아 맹목적인 비난을 퍼붓고 심지어는 폭력까지 불사하는 등 극도의 혼란에 빠질 수 있다.

일찍이 1950년대에 미국 사회학자 대니얼 벨은 '이데올로기의 종언'을 선언했지만, 그는 이데올로기의 의미를 너무 좁게 보거나 지나치게 단순화하는 전제의 오류를 범했다. 사회가 존속하고 정치가 존재하는 한 이데올로기는 어떤 형태로든 함께할 수밖에 없다. 벨은 경제와 사회가 양극체제를 넘어 다원화하는 현상을 근거로 이데올로기의 종언을 선언했지만, 다원화 자체도 이데올로기의 소산이고, 그로부터 새로운 이데올로기가 창출된다. 이데올로기는 정치사회 변화에 따라 변화할 뿐 사라지는 것이 아니다.

정치 이념의 다양성과 정치적 스펙트럼

정치 이념 또는 사상, 즉 정치적 스펙트럼을 가르는 요소는 뭘까? **정치적 스펙트럼은 정치체제를 결정하기도 하고 정책의 향배를 가늠하기도 하는 중요한 문제다.**

정치적 스펙트럼에서 가장 중요한 요소는 인간의 먹고사는 문제, 즉 경제를 바라보는 관점이다. 정책을 결정하는 데는 대개, 우파는 성장을 분배에 우선하고 좌파는 분배를 성장에 우선한다고 정리된다. 성장우선주의의 논리는 경제가 더 많이 성장할수록 나눌 수 있는 파이도 커져 분배의 효과도 커진다는 것이다. 아랫목에 온기를 더할수록 윗목도 그만큼 더 따듯해진다는 논리와 같은 맥락이다. 그에 비해 분배우선주의의 논리는 분배가 공정하게 이뤄져 서민층의 소득이 늘어나면 소비도 그만큼 늘어나 성장을 북돋운다는 것이다.

가령, 한 달에 10억 원을 버는 부자가 불공정한 분배로 인해 20억 원을 가져간다고 해서 소비를 늘릴 일은 없지만, 공정한 분배를 통해 부자가 더 가져간 10억 원의 절반인 5억 원만 1,000명의 노동자가 나눠 가져가도 5억 원의 소비가 늘어난다는 것이다. 그래서 분배우선주의자는 '윗목-아랫목 논리'를 허구라고 주장한다.

그 다음으로는 개인과 사회의 관계를 중요한 요소로 꼽는다. 개인 중시 관점은 국가보다 개인의 독립과 자유를 최우선의 가치로 삼는다. 그에 비해 사회 중시 관점은 국가의 안녕과 발전을 위해 개인의 독립과 자유는 일부분 억압될 수 있음을 용인한다.

전자의 우파는 자유 지상주의나 신자유주의 등으로 나타나고, 좌파는 제3의 길이나 무정부주의 등으로 나타났다. 후자의 우파는 보수주의나 파시즘 등으로 나타나고, 좌파는 사회민주주의나 공산주의 등으로 나타났다.극과 극은 통한다는 말이 있다. 어떤 이데올로기든 극단이 되면 성향이 다른 세력은 일절 용납하지 않는다는 점에서 특히 그렇다. 그래서 좌·우의 극단인 아나키즘과 자유지상주의, 공산주의와 파시즘은 상통하는 면이 있다.

그러므로 정치 이념은 좌파와 우파로 단순화하여 볼 게 아니라 다각도에서 복합적으로 살펴 볼 필요가 있다. 게다가 시대 또는 국가의 정치 환경이나 지형에 따라 좌파가 우파로 불리기도 하고, 우파가 좌파로 불리기도 하는 상대성의 성격을 지니므로 하나의 잣대로 정치 이념을 재단할 수는 없다.

03

국가의
존재 이유 •━━━━━━━

계약과 저항

국가의 존재 이유는 뭘까? 그리고 국가가 존재 이유를 망각하거나 위배했을 때 국가 구성원은 어떻게 대응해야 할까? 이에 대한 고전적인 해답은 존 로크의 정치사상으로부터 확인할 수 있다.

토머스 홉스는 근대 자유주의 전통을 세운 고전적 자유주의의 선구자였지만, 군주의 절대권력을 옹호하는 한계를 보였다. 이런 홉스의 한계를 넘어선 또 한 사람의 고전적 자유주의자가 《통치에 관한 두 번째 논고》(일명 '정부론')라는 명저를 남긴 존 로크다.

1690년 출간된 《통치에 관한 두 번째 논고》의 제1편은 로버트 필머의 왕권신수설(《가부장권론(家父長權論) Patriarcha》, 1680)에 대한 비판이 담겼고, 제2편은 시민 정부의 기원과 정당성 그리고 목적이 담겼다. 특히 통치기관이 정당성을 상실할 경우 시민이 저항해야 한다는 저항권을 담아 의회파가 왕당파를 교체해가던 과도기에 왕의 절대권력을 무너뜨리는 데 핵심 이론을 제공했다.

'왕이 권력의 원천이 아니라면 무엇이 권력의 원천일까?'에 대해 논변한 2편이 '정부론'으로 불린다. 로크는 자연 상태를 '만인의 만인에 대한 전쟁상태'로 본 홉스와 달리 긍정적으로 보았으며, 또 홉스의 절대권력 옹호를 비판했다. '절대군주 역시 한낱 인간에 불과한데, 그가 재판관이 되어 기분 내키는 대로 신민들을 다룬다면 그것이 자연 상태보다 오히려 못한 것'이라고 반박한 것이다.

로크는 자연 상태가 '만인의 만인에 대한 전쟁'이 벌어지는 정글이므로 사람들이 어쩔 수 없이 정부를 만든 게 아니라 이성적인 판단에 의한 '동의'를 통해 정부를 만든다고 주장했다. 동의를 통해 성립된 사회에는 자연 상태에는 없는 법률체계와 재판관 그리고 집행기관이라는 3부(입법부·사법부·행정부)가 존재한다. 개인이 자연 상태에서 자기보존을 위해 가진 처벌권을 동의를 통해 위임(로크의 표현으로는 '신탁')했기 때문이다.

로크 '정부론'의 핵심은 계약을 위반한 정부에는 저항할 수 있다는 '저항'으로 집약된다. 정부가 계약에 따른 본연의 의무, 즉 시민의 생명과 재산 그리고 자유 보호의 의무를 다하지 않는다면 무력을 사용해서라도 저항할 수 있다는 것이다.

국민을 행복하게 하는 정부

오늘날, 복지국가 개념에서 국가의 존재 이유는 국민을 행복하게 하는 데 있다. 미국 건국의 주역 가운데 한 사람인 토머스 제퍼슨도 "국민의 생활과 행복을 돌보는 일은 좋은 정부의 진정한 목적"이라는 말로 국가의 존재 이유를 밝혔다. 또 유엔이 발간하는 〈세계행복보고서〉 서문도 "국가의 성공은 국민 행복도에 의해 평가돼야 하며, 국민 행복이 각국 정부 운영의 목표가 되어야 한다"고 선언한다.

스웨덴을 세계에서 가장 모범적인 복지국가이자 국민 총화가 가장 안정된 국가로 이끈 총리 알빈 한손은 1928년 국회 연설을 통해 '국가는 국민의 집'(folkhemmet, medborgarhemmet)임을 천명했다.

"집(가정)의 기본은 공동체와 동고동락에 있습니다. 훌륭한 집에서는 누구든 특권의식을 느끼지 않으며 누구도 소외되지 않습니다…. 사회격차를 해소하고 좋은 '국민의 집'을 건설하기 위해 사회적 돌봄 정책(사회복지 정책)과 경제적 균등 정책이 요구됩니다. 또 기업 경영에서 (노동의 가치가 인정되는) 정당한 지분이 지불되어야 합니다. 민주주의는 (정치적 수단에서뿐만 아니라) 모든 사회 · 경제적 측면에서도 이루어져야 합니다."

한국은 경제 규모로 보면 세계 10위권이고, 국민소득(1인당 GDP)은 2024년 기준으로 27위지만 세계적인 마케팅 조사기관인 갤럽세계여론조사(GWP)가 내놓은 〈2024년 세계행복보고서〉에 따르면, 한국의 국민 행복지수는 전 세계 143개국 중 52위로 2013년 41위에서 크게 떨어져 OECD 회원국 중 최하위를 기록했다. 한국의 뒤를 이은 국가가 필리핀(53위), 베트남(54위) 순이었다. 자신이 행복하다고 대답한 국민 비율은 한국이 55%로 전체 조사 대상 국가 중 꼴찌였다. 이 결과는 10년 전보다 15% 이상 하락한 수치로, **우리 국민의 행복도가 해마다 지속적으로 떨어지는 현실을 보여준다. 이는 극도의 경쟁으로 내몰린 사회 구조와 깊어지는 양극화로 인한 중산층의 몰락, 빈곤층의 확대, 청년세대의 좌절감이 더욱 깊어진 탓으로 보인다.**

세계에서 국민이 가장 행복한 나라로 통하는 핀란드와 비교하면 어떨까? 참고로, 행복도 평가 6개 부문 중 건강 부문에서는 한국이 핀란드보다 더 높고, 소득수준 차이는 미미했다. 눈에 띄는 차이는 부정부패도 부문. 하위권일수록 청렴함을 나타내는 부정부패 지수의 경우 핀란드가 136위로 부정부패지수가 매우 낮은 사회로 나타난 데 비해, 한국은 88위로 나타나 상대적으로 부정부패가 심한 사회로 나타났다.

자기 삶을 선택할 자유에서 한국은 핀란드의 56% 수준, 사회적 지원은 75% 수준, 사회적 관용은 89% 수준으로 나타났다.

한편, 우리나라 1인 가구 비중이 2010년 24% 수준에서 2024년 36% 수준으로 높아지는 등 세대 구조가 크게 변화한 것도 행복도에 부정적으로 작용한 것으로 보인다.

그리고 분배 측면에서 소득 불평등 정도를 나타내는 지니계수는 10년 전보다 조금 내려갔지만, 순 자산 대비 지니계수는 상당히 올라간 것으로 보아 집값 상승으로 인한 불평등 정도가 높아진 것도 행복도를 떨어드린 요인이 된 것으로 보인다.

핀란드 국민이 우리 국민보다 행복한 이유는 뭘까? 핀란드 사회심리학자 프랑크 마텔라는 그 이유로 세 가지로 꼽는다.

첫째는 자신의 행복을 과시하거나 이웃과 비교하지 않는 대신 생활의 편안함과 따뜻함을 이웃과 나누는 태도, 둘째는 자연의 혜택을 중시하는 태도, 셋째는 사회에 대한 높은 신뢰감이다.

세계에서 국민 행복을 가장 중시하는 국가는 부탄으로 알려졌다. 부탄은 불교를 근간으로 하여 17세기부터 국민의 행복 증진을 국가의 존재 이유로 설정한 오랜 전통을 이어오고 있다.

부탄 정부는 1970년대부터 GNHI(Gross National Happiness Index, 국민총행복지수)를 개발하여 현재 124개 항목을 관리하면서 국민 행복 증진을 위한 정책을 끊임없이 개발하여 실행한다.

오늘날까지 국가들 대부분은 경제 성장에 목을 매지만, 국민의 행복을 증진하지 못하는 성장은 의미가 없다. 성장 자체도 경제발전 단계나 수준에 따라 한계가 있어서 무한히 계속될 수는 없다. 그러므로 고도성장만을 전제로 한 정책은 한계에 봉착할 수밖에 없다. **진정한**

선진국이라면 저성장은 물론 제로 성장, 심지어 마이너스 성장에도 초점을 맞춘 정책을 수립할 필요가 있다.

국민 행복은 경제 성장만으로 설명되지 않는다. 건강, 가정과 일의 균형, 사회적 신뢰, 삶의 활력, 자연환경의 보전 등이 유기적으로 작용한 결과다. 그러므로 국민 행복을 증진하기 위해서는, 사생결단식 무한경쟁과 구조화된 차별에 무의식적으로 따라가는 경쟁 사회 패러다임을 공정과 평등, 협력과 공존의 패러다임으로 전환하는 것이 중요하다. 그 길이 곧 새로운 대한민국, 선도국가를 여는 길이 되기를 소망한다.

2장

87년 체제를 넘어
새로운 시대로

제6공화국 헌법은 오랜 기간의 군사독재를 청산하고 절차적 민주화를 출발시킨 민주화운동의 소중한 결과물이지만, 그로부터 한 세대를 넘겨 40년이 다 되어가는 지금, 87년 체제로는 공고한 기득권 구조를 허물지 못해 실질적 민주화를 정착시키지 못하며, 가속화 하는 진영 정치와 사회 갈등을 해소하는 데는 한계를 드러냈다. 노동자와 서민의 권리가 제대로 보장되는 사회경제적 민주화는 구현되지 못했고, 시민이 정치 권력의 주체가 되지도 못했다. 국정을 농단하거나 내란을 일으킨 대통령을 민주적 절차를 거쳐 탄핵하는 등 민주공화국의 위상을 보여주었지만, 결국은 거대 보수 양당 간 정권교체로 귀결되었을 뿐 정작 민심이 바라는 정치의 혁신과 선진화로 나아가지는 못했다.

01
87년 체제에 담지 못한 다양성과 포용성 •————

정치꾼은 다음 선거를 생각하고,
정치가는 다음 세대를 생각한다.
제임스 클라크

개헌의 시대적 요청

1987년 6.10항쟁을 통해 우리는 권위주의 시대를 청산하고 민주화 시대를 열었다. 개헌으로 대통령 직선제를 되찾고 헌법재판소를 도입한 것이 '87년 체제'였다. 17년 만에 대통령선거 투표권을 되찾은 시민들은 지난 여러 차례의 대선에서 참정권을 행사하며 직접 대통령을 뽑았고, 헌법재판소는 위헌법률 심사, 탄핵 심판, 정당 해산 심판, 헌법소원 심판, 국가기관 사이의 권한쟁의에 관한 심판 등을 관장하며 법의 안정화 및 법치 강화에 기여했다. 일부 수정과 보완이 필요한 부분이 있긴 하지만, 현행 헌법은 한국 사회의 절차적 민주주의를 이루는 토대로 작용해왔다.

그러나 87년 헌법 체제는 시대가 변화하면서 **정치적 다양성과 포**

용성 그리고 국가정책의 지속성을 담보하지 못하는 한계가 뚜렷해져 2000년대 들어 개헌론이 대두되기 시작했다.

처음 제기된 개헌론의 요지는 '대통령 4년 중임제' 도입, '대선·총선·지방선거 3개 선거의 주기 통합' 등의 원포인트 개헌 또는 단계적 개헌이었다.

개헌 논의는 2004년 노무현 대통령 탄핵 사태를 거치면서 시민사회와 학계로 확산하여 **기본권 확장 및 헌법 주체 개정, 권력구조 개편 등을 골자로 하는 시대 변화에 걸맞은 헌법 개정이 필요**하다는 개헌론으로 이어졌다. 대체로 민주주의적 기본권 확장 및 인권 신장, 사회 다양성 보장이 주된 방향이다. 다른 한편으로는 정치 혁신을 위한 다양한 사회 의제를 개헌으로만 치환하는 건 다양한 정치 혁신 활동을 위축시키고 정치의 사법화만을 가속한다는 개헌 무용론도 제기되기도 했다.

87년 체제는 무엇보다 '대통령 임기 5년 단임제'가 권력 구조의 핵심이다. 이승만과 박정희 독재정권의 종신집권 획책으로 민주주의가 말살될 뻔했던 경험 때문에 장기집권 거부 의지를 강력하게 반영한 것이었다. 87년 체제로 가까스로 절차적 민주주의는 이뤘지만, 권력 형태와 구조부터 과도기적 성격을 탈피하지 못한데다가, 그로부터 40년이 흐르면서 변화한 시대상을 반영하지 못하는 문제가 많아져 개헌은 더 미룰 수 없는 당면 과제가 되었다.

윤석열 정권의 지난 2년 8개월간 부조리하고 권위주의적이고 반민주적인 국정 드라이브와 반헌법적 계엄을 통한 내란 기도 사태는, 87년 헌법 체제를 바꿔야 할 시대적 필요성을 극명하게 보여준 충격적 사건이었다. 5년 단임 대통령제가 지닌 '책임지지 않는 국정 운영'의 문제점이 적나라하게 드러났고, 국정 전반을 파괴 수준으로 망가뜨리는 '검찰 정권'의 실상을 지켜보면서도 대통령 임기가 끝나기만을 하염없이 기다려야 하는 재앙을 멈출 도리가 없었다.

개헌의 어려움

우리 헌법은 1948년 제정 이후 아홉 차례 개정되었는데, 1972년 박정희 일인 독재를 위한 유신헌법의 발효로 삼권 분립 기능이 마비되고 국민참정권이 박탈됨으로써 사실상 헌정이 중단되고 말았다. 그로부터 15년 만인 1987년 6월항쟁으로 헌정을 되살리는 제6공화국 헌법이 발효된 이후 38년 동안 개헌 없이 제6공화국 체제가 이어지고 있다.

제6공화국 헌법은 오랜 기간의 군사독재를 청산하고 절차적 민주화를 출발시킨 민주화운동의 소중한 결과물이지만, 그로부터 한 세대를 넘겨 40년이 다 되어가는 지금, 87년 체제로는 공고한 기득권 구조를 허물지 못해 실질적 민주화를 정착시키지 못하며, 가속화하는 진영 정치와 사회 갈등을 해소하는 데는 한계를 드러냈다. 노동자와 서민의 권리가 제대로 보장되는 사회경제적 민주화는 구현되지 못했고, 시민이 정치 권력의 주체가 되지도 못했다. 국정을 농단하거나 내란을 일으킨 대통령을 민주적 절차를 거쳐 탄핵하는 등 민주공화국의 위상을 보여주었지만, 결국은 거대 보수 양당 간 정권교체로 귀결되었을 뿐 정작 민심이 바라는 정치의 혁신과 선진화로 나아가지는 못했다.

오늘날 거대 보수 양당의 극단적 대립이 낳은 '검찰 정권'에 의한 정치의 실종은 심각한 사회경제적 위기와 기후 위기, 그리고 외교 안보 위기를 초래했다. 이런 정치적 재난 상황은 모두 제6공화국 체제의 한계에서 비롯되었다. 이 정치체제를 진작 바꾸어야 했지만, 정치적 이해득실의 셈법에 발목 잡혀 아직까지 개헌 일정조차 제시하지 못하고 있다.

개헌의 필요성은 이미 국회와 언론 일각에서 제기되어 왔지만, 지금까지 개헌 제안은 '대통령 4년 중임제' 등 부분적인 권력 구조 개편에 그칠 뿐, 기득권은 그대로 유지되는 차원이어서 개헌의 의미를 제대로 살리지 못하고 있다. 대통령 임기와 권력 구조만 바꿔서는 우리 사회의 차별과 혐오, 불평등과 양극화, 전쟁 위기, 기후 위기 등 근본적이고 복합적인 문제를 해결할 수 없다. 무엇보다 투표권을 제외하고는 주권자가 기득권 정치를 견제할 실질적 장치가 없다.

1987년 당시 국민 정서와 정파 간 이해관계가 맞물리면서 개헌이 이뤄진 탓에 노태우 정부 출범 때부터 헌법을 둘러싼 논란이 끊이지 않았다. 대통령 임기(5년)와 국회의원 임기(4년)가 불일치한 데서 오는 소모적인 정쟁과 연속성이 담보되지 않는 정책이 가장 큰 문제로 꼽혔다. 또 단임제로 인해 차기 권력에 대한 관심이 높아지는 대통령 임기 절반 이후부터는 조기 레임덕 현상이 일어나고, 정치권의 이합집산과 공직사회의 도덕적 해이 등 온갖 부작용들이 동시다발적으로 발생하면서 국정 운영의 난맥상이 드러났다.

따라서 개헌의 필요성에는 정치권과 각계각층의 의견이 일치했지만, 구체적인 일정을 정하고 내용을 정하는 데에는 갑론을박으로 일관하다가 번번이 무산되고 말았다. **개헌을 국가 백년대계가 아니라 눈앞의 정략적 이해관계로 인식하고 접근했기** 때문이다. 말로는 개헌의 필요성을 외치면서도 **막상 개헌 의견이 나오면 정계개편이나 국면전환을 위한 음모론으로 몰아붙이면서 논의 자체를 차단해 버린 채 '폭탄 돌리기'** 를 해온 것이다.

잘못 끼워진 첫 단추

우리 헌법은 첫 단추(제헌헌법)부터 잘못 끼워졌다. 1948년 5.10 총선으로 구성된 초대 국회는 임기 시작과 동시에 헌법 제정 작업에 들어

갔다. 국회 헌법기초위원회가 10여 차례에 걸친 치열한 격론 끝에 선택한 초안(草案)은 정부 형태로 의원내각제, 국회 구성은 양원제였다. 당시 고심 끝에 이 초안을 제안한 유진오 박사의 배경 설명은 충분한 이유가 있었다.

"세계 각국의 추세를 보면, 의원내각제는 군소정당이 다수 분립하고 있는 국가에서 다수 정당의 동요와 끊임없는 이합집산 때문에 정부가 안정되지 못하는 폐해는 있으나, 이는 정부와 국회와의 연락을 긴밀히 하고 정부와 국회가 대립했을 때 비교적 간단하게 해결할 수 있다는 점에서 미국식 삼권분립제도보다 장점이 있으므로 저자 등의 초안은 정부의 불안정을 내심으로 우려하면서도 부득이 의원내각제를 채택하지 않으면 안 되었다."

그러나 당시 국회의장 이승만은 이 초안이 국회에 상정되기 직전에 완강하게 반대했다. 이승만은 정부 형태를 국회 간접선거의 대통령제로 하고 국회를 단원제로 구성할 것을 고집했다. 결국, 미 군정을 등에 업은 이승만의 뜻대로 되고 말았다. 어떤 정부 형태가 더 바람직한지는 논란이 있겠지만, 민주적 절차에 따라 정해진 초안을 '협박과 강압으로 폐기하고 권력욕에 눈먼 개인의 독선을 관철시킨 잘못된 선택으로 불행한 헌정이 시작' 된 것이다. 오늘날 국민의힘이 '제왕적 대통령제'의 폐해를 신랄하게 비판하면서도 그 원인 제공자이자 역대 가장 제왕적 대통령으로 군림한 이승만을 국부로 추앙하는 것은 자기기만이자 후안무치의 극치가 아닐 수 없다.

이는 우리 헌정 흑역사의 서막에 불과했다. 헌법을 수호해야 할 대통령인 이승만은 아무렇지도 않게 국회와 헌법을 유린했다. 1949년에는 법에 따라 국회 특별기구로 설치되어 활동을 개시한 '반민족 행위 특별 조사 위원회' (반민특위)를 공권력과 민간자경단을 동원해 폭력으로 와해시켰다. 이 사건은 일제강점기 친일반민족행위자들이 처벌은커녕 오히려 대한민국 초대 정부와 법조계, 군경의 요직을 차지하여 권력의 최상층에서 기득권을 유지 온존해 올 수 있었던 원초적 배경이 되었다.

1952년 '부산정치파동' (총선 패배로 인해 연임 길이 막히자 야당 국회의원들을 감금한 채, 대통령 직선제와 국회 양원제를 채택한 발췌개헌 감행)에 이어 1954년 '사사오입 개헌' (대통령의 3선 연임을 금지한 조항을 삭제하고 초대 대통령에 한해 연임 제한을 철폐한 개헌)이라는 전대미문의 헌정 파괴 기록을 남겼다. 1960년 이승만 정권이 자행한 3.15 부정선거는 헌정 파괴의 절정을 이룬 사건이었다.

결국, 이에 항거하여 일어난 1960년 4.19 민주혁명으로 이승만 독재정권을 몰아내고 내각제 개헌을 통해 제2공화국 정부가 들어섰다. 하지만 그것도 잠시, 5.16 군사반란으로 권력을 찬탈한 박정희 소장이 4년 중임의 대통령제 개헌을 통해 제3공화국을 출범시키고 대통령의 자리에 앉았다. 1969년, 박정희는 '3선 개헌' 을 통해 집권 연장의 길을 트고, 1972년에는 사실상 헌정을 중단시킨 유신헌법으로 아예 종신집권의 길을 냈다. 1971년 대선에서 김대중 후보가 유세를 통해 "이번에 정권교체에 실패할 경우, 박정희가 영구 집권을 위해 총통제를 시행할 계획에 대한 확실한 증거를 가지고 있다"며 지지를 호소했는데, 결국 그 예언대로 되고 말았다.

1979년, 박정희가 유신독재의 폭정 끝에 살해당한 10.26 직후, 재빠르게 사태를 장악한 전두환 당시 보안사령관이 12.12 군사반란으로 권력을 찬탈했다. 전두환은 국가보위비상대책위원회를 만들어 입법부 기능을 대신하며 갖은 악법을 양산해냈다.

1981년, 전두환은 대통령 간선제는 그대로 두고 임기만 7년 단임제로 바꾸는 개헌을 통해 제5공화국을 출범시켰다. 실상은 전두환-노태우 공동 군사정권의 등장이었다. 전두환 임기 내내 대통령 직선제를 중심으로 하는 민주화 요구가 봇물처럼 터져나왔다. 전두환 정권의 민주주의 탄압은 1987년 4.13 호헌 조치로써 절정을 이룸과 동시에 변곡점을 만나게 되었다.

6.10 민주항쟁. 학생과 시민들의 노도와 같은 전국적 저항투쟁이 일어나 결국 전두환 정권은 대리인인 노태우 민정당 대표를 내세워 6.29 항복문서를 써야만 했다. 이로써 대통령 직선제를 골자로 하는 개헌이 이루어지면서 헌정은 복원되고 절차적 민주화 시대를 맞게 되었다. 바로 제6공화국을 출범시킨 87년 체제의 시작이다.

그러나 졸속 타협을 통해 탄생한 변종 대통령제의 폐해는 이내 문제를 드러냈다. 대통령의 초월적 권력 남용에 대한 제어장치가 미비한 나머지 의회와의 갈등 요소가 불거져 나왔고, 5년 단임제로 인한 정치적 무책임과 비효율성이 두드러졌다.

또 국회의원 소선거구제로 인해 다당제가 활성화되지 못하고 국회를 독과점한 거대 양당이 극단적으로 대립하는 상황이 오래 이어졌다. 개헌 논의가 나올 때마다 대통령에게 과도하게 집중된 권력의 분산 문제가 가장 뜨거운 현안으로 거론되었다.

현대 민주주의 국가의 정부 형태는 영국이나 독일식 의원내각제, 프랑스식 이원집정부제, 4년 중임의 미국식 대통령제 등이 대표적이다. 현재 우리 국민이 가장 선호하는 정부 형태는 4년 중임의 대통령제이지만, 권한을 지금보다 대폭 축소하고 권력 행사의 절차적 통제를 강화해야 한다는 의견이 지배적이다.

다시 설계해야 할 권력 시스템

지금까지 제기된 견해들을 통틀어 종합해보면, 대통령제의 폐해를 최소화하는 동시에 의원내각제의 정국 불안 요소를 제어하는 이원집정부제를 고려할 수도 있다.

대통령 직선제로 바뀐 1987년 6공화국 헌법은 '부통령의 대통령직

승계'나 '대통령 궐위 시 후임자의 전임자 잔여 임기 재임' 제도는 도입하지 않아서 대통령 궐위 시 대통령선거 주기가 바뀌는 치명적 결함도 안고 있다. 개헌을 통해 대통령선거 4년 주기가 흔들리지 않도록 제도를 설계하는 것이 중요하다. 정·부통령제 도입으로 대통령 궐위 시 부통령이 남은 임기만 채우도록 하는 것이다. 더불어 의회는 양원제를 도입하고 미국처럼 대통령직 승계권을 가진 부통령이 상원 의장을 맡도록 하는 것이 합리적일 수 있다.

　역대 국회의장들이 주도해서 만든 이원집정부제를 비롯한 분권형 대통령제 개헌안에는 그와 비슷한 장치가 있었다. 1948년 제정된 제헌헌법에는 부통령제가 있어서 '대통령이 사고로 인하여 직무를 수행할 수 없을 때는 부통령이 그 권한을 대행하고 대통령, 부통령 모두 사고로 인하여 그 직무를 수행할 수 없을 때는 국무총리가 그 권한을 대행' 하도록 규정하고 있다. 대통령과 부통령은 국회에서 무기명 투표로써 각각 선거하고, 대통령과 부통령의 임기는 4년으로 하되 재선에 따라 1차 중임할 수 있으며, 부통령은 대통령 재임 중 재임한다는 것이 제헌헌법의 뼈대였다. 대통령 또는 부통령 궐위 시에는 즉시 그 후임자를 선거하도록 하고 부통령은 대통령직을 승계할 수 없었다. 부통령은 대통령이 사고로 직무를 수행할 수 없을 때 일시적으로 권한을 대행하는 역할에 그쳤다.

　87년 체제에서 탈피하기 위해 개헌할 때 여야 모두 개헌의 내용에 지나치게 욕심을 부려서는 안 된다. 여야가 합의할 수 있는 선에서 최소한으로 개헌한다는 자세로 협의에 임해야 한다. 아무리 잘한다 한들 개헌으로 모든 문제를 일거에 해결할 수 있다는 착각은 아예 하지 않는 것이 개헌에 성공하는 지름길이다.

이재명 민주당 대표 역시 2022년 대선 때 "제왕적 대통령제를 끝내겠다" 며 대통령 임기 4년 중임제 도입, 여야 합의로 대통령 임기 1년 단축, 균형발전과 자치분권 강화, 국무회의 심의 기능과 국무총리 정책조정 기능 활성화, 국무총리 국회 추천제 도입 등을 공약했다. 현행제도에서 이원집정부제에 한 걸음 더 가까이 다가선 공약이다.

그런데 12.3 내란사태를 겪으면서 현행 헌법의 권력 구조에서 치명적인 맹점이 하나 더 불거졌다. 박근혜 대통령의 탄핵 국면에서도 겪은 모순이지만, 이번 윤석열 대통령 탄핵 국면에서는 그 모순이 더욱 두드러졌다. 대통령 유고시에 국무총리, 기획재정부 장관, 교육부 장관 순으로 국무위원이 권한대행을 맡도록 한 조문이다. 대통령의 (사고나 질병 등으로 인한) 단순 유고라면 몰라도 중대한 헌법 위반에 따른 탄핵소추로 유고된 경우까지 대통령이 직접 지목하여 임명한 국무위원에게 권한대행을 맡기는 건 탄핵소추로 대통령의 직무를 정지할 수 있게 한 헌법 취지를 심각하게 훼손하는 셈이다. 그러므로 탄핵소추로 인한 대통령의 유고에 한해서라도 권한대행을 국회의장이 맡도록 하는 게 헌법 취지에 좀 더 부합하다 하겠다.

02
무너진 법치주의,
민주주의의 위기 •————

법치주의로 위장한 법률주의

우리는 12.3 계엄사태를 겪으면서 민주주의를 지켜가는 것이 얼마만큼 어려운 일인지, 반면 그것이 무너지는 건 얼마나 순식간인지 새삼 깨닫게 되었다. 법치주의를 내걸고 국민의 선택을 받아 들어선 정권이 반헌법적 비상계엄으로 국회를 무력화하여 내란과 독재를 획책함으로써 법치주의를 뿌리째 흔든 것은 역설적이다. 사실 이들은 법치주의를 빙자한 '법률주의' 자들이라는 데 그 답이 있다. 다시 말해 '가짜 법치주의자' 들이라는 것이다.

법치주의는 민주주의를 지탱하는 근간이다. 그 핵심 원리는 법에 따른 지배, 행정·입법·사법의 삼권분립, 개인의 자유와 권리 보장이다. 국가가 국민의 자유와 권리를 제한하거나 의무를 지울 때는 반드시 법률에 따라야 한다. 법치주의의 핵심 가치는 특정 개인이나 단체 또는 정당의 자의적인 통치에서 벗어나 예측할 수 있는 안정적인 국가 시스템 구축에 있다.

법치주의에는 실질적 법치주의와 형식적 법치주의가 있다. 실질적 법치주의는 법 형식뿐 아니라 내용과 목적 그리고 실제 운용까지 개인의 기본권 보장에 부합해야 한다. 형식적 법치주의는 국가 권력이 그 권력의 분산과 제한, 국가기관의 권한과 기능 등을 규정하는 법으로 합법성을 부여받는 것이다. 독재체제도 형식적인 법치주의를 갖추고 법을 앞세워 자의적 통치를 정당화할 수 있다. 이런 경우 형식적 법치주의는 '법률주의' 라고 할 수 있다.

우리 헌법 11조는 "모든 국민은 법 앞에 평등하다" 는 말로 법치주의의 근본정신을 천명한다. 헌법을 개정한다면 '모든 국민' 은 '모든 사람' 으로 바꿀 필요가 있다. 그래야 법치주의에 더 충실한 조문이 된다. 법치주의는 악법에 대한 국민저항권을 인정하지만, 법률주의는 악법도 법이라며 준법을 강제한다. 쉽게 말하면 '법대로 하자' 는 것이다. 이런 법률주의는 전체주의와 독재 성향이 강한 정부일수록 더욱 기승을 부렸다.

나치의 독일, 제국주의의 일본, 유신체제의 한국이 그랬다. 법률주의 체제에서 법은 그저 권력자들이 국민을 지배하고 통제하는 수단일 뿐 개인의 권리와 자유의 보장에는 적용되지 않았다. **법은 강자의**

논리가 곧 정의인 사회에 정당성을 부여하는 장식품으로 전락한 것이다. 한마디로, 법치주의가 민주적 협치로 가는 길을 연다면 법률주의는 폭력적 통치로 가는 길을 연다.

법의 정당성은 어디서 오는가?

어쩌다가 법률주의가 법치주의의 탈을 쓰고 쥐가 곳간의 쌀을 헐어내듯 민주주의의 기반을 헐어내 흔들게 되었을까?

그렇게 된 데는 검찰의 정치화가 직접 원인이지만, 정치가 대화와 타협 대신 법률 만능주의로 빠진 데 근본 원인이 있다. 대화와 타협을 외면한 채 서로에게 혐오의 막말을 쏟아내고 고소 고발로 물어뜯는 극단적 대결 정치가 검찰을 괴물로 키우는 사이에 법률주의가 국가체계 전반에 만연하여 민주주의를 뿌리째 뒤흔들게 되었다. 그로 인한 재앙의 결과를 윤석열 검찰 정권이 적나라하게 보여주었다.

대통령을 비롯하여 한 국가의 모든 권력기관은 그 국가에 있는 모든 사람의 주권과 인권을 보호하기 위해 존재한다. 만일 어떤 권력기관이 다른 권력기관 또는 개인이나 단체의 법적 권리를 무단으로 침탈한다면 즉시 탄핵하는 것이 헌법의 기본 원리이자 존재 이유다. 다만, 우리 헌법은 대통령에 국한하여 위법한 행위가 내란이나 외환에 해당하지 않는 한 재직 중에 형사소추를 당하지 않는다고 되어 있다.

법률주의가 아닌 법치주의라면 법률의 정당성은 오로지 국민의 권리를 보장하고 지키는 데 있다. **만일 법률이 국민의 권리를 침해하여 정당성을 잃는다면, 그런 법률은 언제든지 수정되거나 폐기될 수 있어야 한다. 그래야만 진정한 법치주의 국가라고 할 수 있다.**

그러나 법률주의는 법률을 국민의 기본권 위에 세우고 칼춤을 춘다. 법치주의를 내걸고 등장한 윤석열 정권의 속내는 사실 법률 지상주의에 뿌리박고 있다. 윤석열 정권 출범 이후 검찰을 자객 삼아 정적을 제거하기 위한 칼춤부터 12.3 내란사태에 이르기까지 모든 정황이 그것을 여실히 증명한다.

03
이념의 과잉과
극에 달한 적대적 분열•━━━

강한 신념이야말로
거짓보다 더 위험한 진리의 적이다.
프리드리히 니체

윤석열의 자유는 '늑대의 자유'

국제적으로 이념을 뒤로하고 실용을 앞세우는 국가 전략과 문화가 확산되는 가운데 현 정부가 들어선 이후 유독 한국 사회만 낡은 이념 전쟁의 소용돌이 속에 빠져들고 있다. 국제 외교 흐름에 반하여 홀로 '가치 외교'를 내걸고 줄기차게 자유주의를 외쳐온 윤석열 대통령의 행보가 방아쇠로 작용한 탓이다. 윤 대통령이 외쳐온 자유주의의 실체는 20세기 끝자락을 휩쓸다 2008년을 기점으로 쇠퇴하여 폐기 처분된 '신자유주의'의 찌꺼기다. 그 자유는 당연한 권리로서의 자유가 아니라 권력자가 임의로 선별하고 재단하는 자유다. 나치 히틀러가 행사한 그 자유다. 히틀러는 자유를 누릴 자격이 없다고 선별한 유대인을 강제수용소로 보내 자유를 구속하고 심지어는 가스실에서 집단 학살했다.

철학자 박구용은 이런 자유를 《자유의 폭력》(길, 2022)에서 '늑대의 자유' 로 비유했다. 그의 말대로 늑대의 자유는 사슴에게는 곧 죽음일 수밖에 없다. 그런 자유가 민주주의를 지탱하는 자유민주주의 체제의 자유일 리 만무하다.

헌법과 국제법의 대가로 명성이 높지만, '나치의 사상가' 로 불리는 정치철학자 카를 슈미트는 정치를 '적과 동지의 구별 과정' 으로 규정한다. 정치에서 상대방은 결국 동지 아니면 적일 수밖에 없다는 것. 윤석열은 12.3 내란 전에도 줄곧 야당을 비롯한 비판 세력, 심지어는 비판적인 언론까지도 반국가세력으로 규정하고 협의와 타협의 대상이 아닌 척결의 대상으로 인식하고 행동했다. 당연히 그가 취임한 이후로는 정치가 실종되고 언로가 막히면서 추종자들과 아부꾼들만 용산 대통령실 문전을 드나들게 되었다.

과시적 공론장 중독증

우리 국민은 좋든 싫든 윤석열 정권 덕분에 이념 과잉의 시대를 살게 되었다. 윤 대통령은 취임 이후 내란으로 탄핵 소추되어 파면되기까지 국내외 공개 연설에서 '자유(주의)' 를 1천 번 넘게 외쳤다. 미국 방문 중 하버드대학 연설에서는 무려 80번 넘게 자유를 외쳤다. 그야말로 자유의 화신이자 전도사다. 그의 '자유' 사랑은 급기야 '가치 외교'로 포장되어 외교적 재앙을 초래했다.

그가 외친 자유의 본질은 대부분 '늑대의 자유'였다. 심지어 시민의 기본권으로서의 자유를 말해야 할 자리에서조차 결론은 늘 '늑대의 자유'였다. 그가 말하는 자유는 주로 시장과 자본의 자유로, 국가와 시장 권력에 대항해 사회적 약자를 포함한 시민이 목소리를 내기 위해 자유가 확장돼온 맥락은 사라진 것이다.

민주주의 체제를 받치는 핵심 자유는 권력이 개인을 부당하게 차별하거나 기본권을 침해해서는 안 된다는 양심 · 사상 · 표현의 자유다. 집회 · 결사의 자유는 힘없는 개인들이 모여서 기본권을 지키는 민주주의의 기본 원리와 맞닿아 있다. 헌법에 명시된 20번의 자유는 공동체와 개인 간의 균형을 잡고, 경제적 창의와 자유를 보장하며, 경제력 남용을 방지함으로써 국가 및 시장 권력으로부터 시민의 기본권을 지키기 위한 것이지 혐오와 적대, 편 가르기의 언어로 언급된 곳은 단 한 군데도 없다.

그런데도 윤석열 정권의 '자유'는 줄곧 혐오와 적대, 편 가르기로 반국가세력을 창조하는 데 부역했다. 여기에다가 '과시적 공론장'이 더해져 여론을 호도하고 왜곡함으로써 독재 권력으로 가는 길을 닦아나갔다.

이 대목에서 우리는 인상적인 장면 하나를 떠올릴 필요가 있다. 10

년 만에 부활시킨 국군의날 대대적 열병식에서 선글라스를 쓰고 득의에 차 파안대소하는 대통령 윤석열의 모습이다. '과시적 공론장'에 심취하다 못해 중독된 권력자의 전형적인 모습이다. 심지어 그는 병역기피자다.

공론장 개념은 독일의 철학자 위르겐 하버마스가 《공론장의 구조변동》(나남, 2001)에서 공론장의 역사적 변화 양상을 규명하고 정치적 함의를 분석하여 체계화한 것이다. 흔히 공론장은 공론의 영역으로 여론의 광장(forum) 역할을 맡아 공적인 의견과 의지가 구성되고 집약되는 마당이라고 생각하기 쉬운데 그것은 착각이라는 것이다. 공론장은 시대와 상황에 따라 그 개념이 계속 변화했는데, 16세기까지는 공론의 영역은 권력자의 자기 과시를 위한 공간이었을 뿐이다. 왕이 행차하여 그 권위를 보여주는 파리의 개선문이 그 좋은 사례다. 왕이 주관한 고려 시대의 팔관회, 조선 시대 왕의 행차도 과시적 공론장이라 할 수 있다.

이런 과시적 공론장에서는 과시하는 자를 제외하고는 모두 구경꾼이 될 수밖에 없다. 근대 부르주아 공론장에서도 일부 엘리트가 여론을 주도하고 시민 대부분은 구경꾼이 되어야 했다.

그러다가 오늘날 SNS의 보편화를 비롯한 미디어 환경의 전반적인 변화로 개인이 뉴스의 소비자이면서 생산자가 되면서부터 과시적 공론장의 입지가 축소되고 민주적 시민 공론장이 활성화되었다. 이런 변화를 감지하지 못하고 여전히 70~80년대 권위주의적 권력체제에 대한 향수에 젖은 윤석열 정권이 공론장을 과시하는 용도로만 인식하고 활용함으로써 시민과 괴리와 문화적 충돌을 빚게 되었다. 대통령의 정책을 비판하는 시민의 입을 봉쇄하는 이른바 '입틀막' 사건이 연이어 벌어진 것도 그런 연유다.

'당신은 어느 편인가?'

한국은 87년 체제 이후 정권교체를 통해 민주정권이 몇 차례 들어서면서 절차적 민주주의에 민주주의의 실질적 내용이 채워지는 가운데, 더욱 개방되고 자유로워졌으며 투명하고 공정한 사회를 향해 나아갔다. 중간에 보수 정권으로 교체되면서 그 흐름이 지체되거나 퇴행하기는 했지만, 시민의식의 성숙 덕분에 대세는 거스를 수 없는 것으로 보였다.

그런데 윤석열 정권의 등장으로 민주주의 발전에 대한 낙관적 전망에 먹구름이 드리워졌다. 하필 대통령이 '자유'의 이름을 내걸고 퇴행을 시도하는 세력의 앞잡이가 된 것이다. 그 결과 우리는 지금 극단으로 쪼개진 사회를 참담한 심정으로 보게 되었다.

지난 1월 19일 밤, 서울서부지방법원에서 윤석열 대통령에 대한 구속영장을 발부하자 법원 주변에서 탄핵과 구속을 반대하던 윤 대통령 지지자들이 '국민저항권'을 주장하면서 폭도로 변신해 법원을 침탈하여 난동을 부렸다. 폭도들은 경찰과 기자, 시민을 상대로 폭력을 행사하고, 심지어는 영장 발부 판사를 색출하겠다며 최고 보안 구역까지 난입하여 닥치는 대로 헤집고 다니며 건물과 기물을 때려 부쉈다.

경악스러운 이 광경은 미국의 국회의사당 침탈 폭동과 쌍둥이처럼 빼닮았다. 2021년 1월 6일, 차기 대통령선거에서 패배한 현직 대통령 트럼프는 승복하지 않고 부정선거 음모론을 펴며 공공연하게 내란사태를 조장했다.

"죽을 때까지 싸우라"는 트럼프의 선동 연설 이후 트럼프 지지 시위대는 순식간에 경찰의 방어를 뚫고 국회의사당을 침탈하여 폭력 사태를 일으켰다. 이렇게 미국의 민주주의를 유례없는 위기로 몰아넣은 배후이자 주범인 트럼프가 4년 뒤에 보란 듯이 다시 대통령으로 돌아와 독재적 정치 성향을 유감없이 발휘하고 있으니, 미국 민주주의는 4년 전보다 더 큰 위기에 봉착했다.

이런 현실 정치를 배경으로 지난해 개봉된 영화 〈시빌 워(Civil War): 분열의 시대〉가 해를 넘겨서도 흥행몰이를 하고 있다. 극단적 분열로 역사상 최악의 내전이 벌어진 상황에서 시민들은 대답을 강요당한다.

"당신은 어느 편인가?"

미국 대통령의 임기는 4년으로 중임은 가능하지만, 3선 이상의 재임은 수정헌법에 따라 금지된다. 그러나 영화에서는 헌법을 무시하고 3선 대통령이 등장한다. 그는 권력을 지키기 위해 시민에 대한 드론 공격을 승인하고 FBI를 해산하는 등 폭정을 일삼는다. 국민을 향한 무차별 공습을 가한 대통령의 인터뷰를 담기 위해 워싱턴으로 향하는 기자들은 무장 군인에게 붙들려 무릎을 꿇린 채로 선택을 강요당한다. 기자 중 한 명이 "우리도 미국인"이라고 말하자 군인은 "그래 어느 쪽 미국인?"이냐며 다그친다. 자기편이 아니면 곧바로 적이 되어 처단되는 숨 막히는 현실.

이것이 과연 영화만의 가상현실일까? 우리는 그 믿기지 않는 현실을 2021년 미국 극우세력의 국회의사당 침탈 폭동에서 이미 보았고, 한국에서는 2024년 12월의 비상계엄과 2025년 1월의 법원 침탈 폭동을 통해 생생하게 목격했다.

국민의힘에서 홀로 깨어 고독한 투쟁을 이어가는 김상욱 의원은 지난 2월 12일 저녁 MBC라디오에 출연해 행여라도 윤석열 대통령 탄핵안이 기각되어 그가 돌아오면 다시 계엄령을 선포할 것이고 대한민국은 망할 것이라고 경고했다.

탄핵안이 기각되는 즉시 "국민 수백만 명이 거리로 나와 항의하고, 윤 대통령의 성정으로 봤을 때 또다시 계엄을 하고 계엄군을 투입하면서 계엄군 내부에서 저항이 일어나고, 계엄군과 시민군, 계엄군과 저항군 사이에 유혈사태가 일어나는" 시나리오가 현실이 되고 말 것이라 경고한 것이다. 영화 〈시빌 워〉의 현실은 이미 먼 나라의 얘기가 아니라 우리 발등에 떨어진 불이 되었다.

오늘날 유럽에서도 극우세력이 정치적으로 세력을 확장하고 있다. 정치게임은 이미 진실게임의 프레임을 벗어나 어떤 정치적 주장이 진실이든 아니든, 가짜뉴스든 아니든 상관없게 되어버렸다는데 민주주의 위기의 근본 배경이 있다.

04
정치의 복원과
책임정치의 구현 •━━━━

정치는 가능성의 예술이며,
타협 없는 정치는
성공할 수 없다.
프랭클린 D. 루스벨트

정치 혁신은 팬덤 정치 청산부터

헌법상 우리 정치제도의 요체는 대의민주주의 체제다. 대의민주주의는 국민이 대표를 선출하여 국정을 위임하고, 그 대신 대표가 국민의 뜻에 거스르거나 직무를 유기하면 책임을 물어 소환하거나 탄핵할 수 있도록 하고 있다. 특히 국회를 설치하여 국정 감시와 입법 기능을 하도록 한 것은 여야 정당이 폭력이 아니라 대화와 타협(정치)을 통해 국정을 이끌어달라는 국민의 명령이자 헌법적 책무이다.

그런데 어느 순간부터 정치가 실종된 자리에 정치 파트너를 아군과 적군으로 나눠 반목하는 전쟁만 남았다. 정세균 전 국무총리도 "(그가) 진짜 정치를 했다면, 야당 대표가 만나자고 하기 전에 먼저 만나자고 해서 국정을 제대로 이끌었을 것이다. 그는 정치 대신 전쟁을 했다"

는 말로 윤석열 정권이 실패한 원인을 정치의 실종에서 찾았다.

정 전 총리에 따르면 "대통령의 위헌적인 계엄령은 진영 논리보다 훨씬 심각한 국가적 문제다. 좌우 이념과 관계없이 바로잡아야 한다. 하지만 이런 사안에도 진영 논리가 개입되는 것은 매우 심각한 문제다. 우리나라에도 극우세력이 등장하는 것이 아닌가 싶다. 이러한 흐름은 정당정치의 실패에서 비롯됐다고 본다. **정당정치는 이념과 정책, 노선으로 경쟁하고 대화와 타협을 통해 합의안을 도출해야 한다.**

하지만 지금은 다음 대선만을 생각하며 상대 정당을 악마화 하고 지지 세력을 동원해 진영 대결을 부추기는 나쁜 정치가 발호하고 있다"고 설명한 뒤, "팬덤 정치 폐해가 너무 크다. 그것을 바로 잡아야 한다. 김대중·노무현 전 대통령 시절에도 팬덤은 있었다. 지지하는 정치인이 잘하도록 응원하고 돕는 형태였다. 그런데 지금은 정치인을 '부리려고' 하는 팬덤이다. 정치인들은 그런 팬덤의 눈치를 본다. 다수 국민은 뒷전에 두고 소수 팬덤에 적극적으로 의존한다. 거기서 벗어나면 공격을 받는다. 결국, 정당의 책임이 가장 크다. 정당이 정책과 노선으로 경쟁하고 대화와 타협이 살아나는 정치를 복원해야 한다"고 강조했다.

정치 복원을 위해 무엇을 할 것인가?

지난 2024년 1월 16일 MBC 〈100분 토론〉에서 유시민 전 장관과 유승민 전 의원이 만나 혐오와 극단의 대결 정치 또는 정치의 실종에 관해 대담을 나눴다.

유승민 전 의원이 먼저 운을 뗐다.

"우리 정치가 지금 얼마나 답답합니까. 2년 전에 대선 할 때 윤석열 대 이재명, 그렇게 비호감의 정치, 증오의 정치, 그런 선거를 하다가, 2년 뒤에 와서 총선을 하는데 똑같이 그러고 있잖아요. … 18대 국회 마지막에 우리가 국회 선진화법을 총선 지나고 나서 4~5월 남은 임기 때 통과를 시켰거든요. 저는 21대 국회가 욕을 제일 얻어먹고 무능하고 저질 국회였다고 봅니다. … 선거법을 중대선거구제로 개정하고 이분들이 집에 가셨으면 저는 정말 좋겠어요."

그러자 유시민 작가가 말했다. 그 말 속에 그동안 우리 정치가 왜 제대로 기능하지 못했는가에 대한 단서가 들어 있다. 서로 잘해서 이기려는 경쟁이 아니라 상대방이 잘하지 못하도록 뒷다리를 걸어 이기려는 경쟁을 일삼았기 때문이라는 증언이다.

"노무현 대통령이 대연정 해서 권력 절반 넘겨주겠다, 심지어는 원포인트 개헌으로 내 임기 단축도 받아들이겠다, 이렇게까지 하면서 4년 중임제 원포인트 개헌이나 선거구제 개편을 전제로 한 대연정 제안했을 때 그 당시 야당의 반응이 뭐였어요? '참 나쁜 대통령'. 그거였습니다. 최근 김대중 대통령 탄신 100주년 행사에 국민의힘 한동훈 비대위원장도 가서 덕담도 하고, 지금 와서 보면 김대중, 노무현 이런 대통령들이 선견지명으로 통합을 위해서 노력했다는 식으로 얘기들 해요. 그러면서 민주당 보고 '당신들 왜 그렇게 안 해?' 하고 막 야단치고 그럽니다. 그런데 생각해보세요. 재임 시절에 보수 정치세력에 의해서 김대중 대통령만큼 모욕받고, 의심받고, 비방당했던 대통령이 없습니다. 노무현 대통령도 그래요. 그분만큼 모욕받고, 비하당하고, 배척당했던 대통령이 없습니다. … 우리가 지금 겪고 있는 이 혐오의 정치, 적대적 대립의 정치는 오래된 겁니다. 정치권뿐 아니라 우리 시민들까지 포함해서 모두에게 이렇게 된 데에 대한 자기 몫의 책임이 있어요. 이 책임을 자각하는 데에서부터 문제 해결이 시작될 것이라는 생각입니다. … 모두가 자기 몫의 책임이 있지만 제1차적인 책임은 대통령한테 있어요. 대통령이 이 미친 짓을 중단하는 데서, 비로소 정치의 복원이 시작될 것입니다."

지난 총선을 앞두고 유시민이 우려했던 정치적 재앙이 그 우려보다 훨씬 더 심각한 상태로 현실이 되고 말았다. 재앙이 완전히 해소되기까지 법치의 시간은 계속되겠지만, 민주주의를 정상으로 회복하려면 망가진 정치를 복원해야 한다. 체제 위기를 반복하여 겪으며 힘겹게 지탱해 가는 우리 민주주의의 토대를 굳건히 하기 위해 정치가

해야 할 일은 무엇인가?

이미 우리 사회에 만연한 적대적 양극화를 해소하기 위한 노력이 시급하다. 정치의 극단적인 양극화로 인한 폐해가 이미 제도로 제어하기 어려운 수준에 이르렀다. 이번 내란사태로 인한 분열상이 그것을 여실히 보여주고 있다.

극단적인 정치 선동과 결합한 양극단의 격렬한 대립이 민주주의를 파국으로 몰아넣을 수 있다는 우려는 오래전부터 제기되어 왔다. 소셜미디어의 급속한 확산은 특히 정치 관련 정보가 공식화된 기구나 매체를 거치지 않고 사실확인도 생략된 채, 심지어는 과장되거나 조작된 채 생산, 유통, 전파될 수 있는 환경을 제공한다. 그러면서 대의민주주의가 지닌 갈등 조정 기능을 크게 약화하고 민주주의의 근간을 허물고 있다는 데 문제의 심각성이 있다.

05

정치적 민주주의를 넘어
경제적 민주주의로 •————————

민주주의는 경제적 평등을
추구해야 한다.
앤드류 잭슨

경제적 민주주의로 가는 길

  자유주의 국가 체제를 중시하는 학자들은 정치적 자유가 완성되려
면 경제적 자유가 수반되어야 한다고 주장한다. 경제적 자유 없는 정
치적 자유는 실체가 빠진 형식상의 자유일 뿐이라는 것이다. 시장주
의를 자유민주주의의 핵심으로 보는 것이다.

  그러나 자유가 아니라 민주주의 관점에서 보면 민주주의는 정치적
민주주의를 넘어 경제적 민주주의를 달성해야 비로소 온전히 달성되
었다고 본다. 정치적 민주주의가 자유의 획득과 보장으로 이뤄진다면
경제적 민주주의는 평등의 실현으로 이뤄진다. 민주주의에서 평등 개
념은 기회의 평등을 기본으로 분배라는 결과의 평등까지 아우른다.

  평등은 경제적 평등에서 그치지 않는다. 사회적 소수자와 약자를

차별과 혐오로부터 보호하는 것도 인권적 평등도 민주공화정 체제의 국가 의무다. 차별받지 않고 혐오의 대상이 되지 않는 것이 사회적 소수자와 약자의 당연한 권리로서 작용하는 사회가 자유와 평등이 실현된 온전한 민주주의 사회다.

경제적 민주주의는 경제활동에서의 공정성과 형평성 실현을 일컫는다. 경제적 민주주의를 이뤄가는 경제민주화는 자본주의 경제 체제에서 국가의 역할과 관련해 등장하는 개념으로, 공정한 시장경쟁 질서 확립을 위해 국가의 적극적인 개입을 토대로 삼는다.

경제민주화는 헌법에 근거한 개념으로, 제119조 2항에서 "국가는 균형 있는 국민경제의 성장 및 안정과 적정한 소득의 분배를 유지하고, 시장의 지배와 경제력의 남용을 방지하며, 경제주체 간의 조화를 통한 경제의 민주화를 위하여 경제에 관한 규제와 조정을 할 수 있다"고 명시한다.

헌법에 명시한 경제민주화의 핵심은 소득 재분배와 독점규제로 요약된다. 소득 재분배는 조세 제도나 사회복지 정책을 통해 소득 분포를 수정하는 작업이다. 자본주의 사회에서 소득 격차는 자연스러운 현상이지만, 경제적 불평등이 심해지면 시장경제에 부정적인 영향을 미칠뿐더러 사회문제가 될 수 있다.

국가는 소득 재분배를 위해 조세와 사회보장제도 등을 활용한다. 조세 제도를 통한 소득 재분배는 고소득층에게 더 많은 세금을 거두고 저소득층에게는 상대적으로 적은 세금을 걷거나 면제해주는 방식이다. 사회보장제도는 개인이 질병이나 재해, 실직 등의 어려움을 겪더라도 최소한의 인간다운 생활을 할 수 있도록 보장하는 제도다. 국민연금, 고용보험, 의료보험 같은 사회보험과 국민기초생활보장제도와 같은 공공부조가 대표적인 사례다. 사회적 약자나 경제적 취약계층을 대상으로 시행하는 사회복지 서비스도 사회보장제도의 하나다.

산업에서 독과점 규제와 공정거래 강제도 경제민주화의 핵심 요소다. **자본주의 경제 체제에서 독과점으로 자본이 소수에 집중되면 경제력의 차이로 인해 각 경제주체 간에 공정한 경쟁이 어려워진다. 그래서 경제력과 경제적 부가 소수에 집중되어 경제적 양극화가 심해지면 사회 불안이 가중되고 민주주의의 토대가 허약해질 뿐만 아니라 경제 전반에 동맥경화가 깊어져 자본주의 체제 자체가 위협받게 된다.**

민주주의가 살리는 자본주의

고전적 자유주의자들은 소유권과 생산수단의 제어를 개인과 기업의 자율에 전적으로 맡겨야 한다고 주장한다. 그런 가운데 빈부격차가 크게 벌어지면서 시장주의의 폐해가 심각해지고 자본주의의 토대마저 위태로워지자 한편에서는 "고전적 자유주의가 구현한 시장경제에서 빈부에 따라 소비자의 소비 규모가 다르게 나타나, 그에 걸맞은 공급으로 경제 균형을 유지하기 어렵다"면서 자본주의의 한계를 극복하려면 경제적 민주주의가 필요하다고 주장하기 시작했다. **이런 경제적 민주주의의 핵심은, 최소한 노동자가 노동력을 제공한 만큼에 해당하는 적정 임금을 지급함으로써 자본가가 가져가는 이익과 어느 정도 형평을 맞추자는 것이다. 쉽게 말해 부당한 노동착취를 없애 소득격차를 완화함으로써 사회 안정과 민주주의를 실현하자는 것이 경제민주화의 요점이다.**

경제민주화의 작용 원리는 자본과 노동 사이뿐 아니라 대기업과 중소기업 사이에도 적용된다. 대기업의 독과점이나 위력의 행사가 공정거래질서를 해쳐 중소기업의 사업 기회를 박탈하거나 경쟁력을 저하함으로써 시장의 다양성을 말살한다. 게다가 대부분의 고용을 담당하는 중소기업의 채산성을 떨어뜨려 대기업과 중소기업 간의 노동임금 양극화를 심화시킨다. 그러므로 대기업과 중소기업 간의 경제민주화도 전체 경제적 민주주의 실현에서 빼놓을 수 없는 핵심 요소다.

또 하나 빼놓을 수 없는 경제민주화 요소는 안전하게 노동할 권리의 보장이다. 다시 말해, 노동환경의 안전 보장이다. 산업 현장에서 안전장치 미비나 안전규칙 위반으로 끊임없이 인명사고가 나고, 그럴 때마다 사업자도 정치권도 재발 방지를 굳게 맹세하고 약속하지만, 그때그때 면피를 위한 말뿐이고 아직도 노동현장은 안전한 공간이 아니다. 비정규직이나 일용직 계약 노동자는 절반에 불과한 임금을 받으며 더 위험한 노동현장으로 내몰리고, 노동능력과는 무관한 개인의 개성을 이유로 해고당하는 일이 끊이지 않는다.

노조법 개정안에 번번이 거부권을 행사하고 노동자들이 현장에서 죽어가는 사회적 재난에도 무관심하다. 돌봄노동의 열악한 노동조건과 환경은 그대로 둔 채 이주노동자를 최저임금제도에서 배제하여 이주노동을 극한까지 착취하려 든다. 이등시민에 이어 삼등 시민을 양산함으로써 새로운 계급사회를 구축하려는 심산인 듯 의심스럽기조차 하다.

누군가를 배제하면서 권리를 유보하는 민주주의는 가짜다. 주변부로 일컬어지던 제3세계권 범주로부터 정치·경제적으로 벗어나는데 기적처럼 성공했다고 찬사받는 대한민국 민주주의가 위기에 직면해 있다.

12.3 비상계엄 사태를 계기로, 태국과 미얀마에서처럼 한국에서도 파워엘리트 그룹의 후진적 정치의식과 민주주의에 대한 몰이해 또는 의도적 왜곡, 비민주적 사회의식을 새삼 목도하게 되었지만, 위기는 자각과 성찰을 불러오고 위기를 잘 넘기면 새로운 기회가 될 수 있다. 암울하기만 하던 태국과 미얀마에서도 민주주의는 약진하고 있다.

또한 태국에서는 2023년 5월 총선에서 내전을 유발한 집권 여당이 군소정당으로 전락하고, 왕실과 군 개혁을 내건 신생 정당이 청년층의 전폭적 지지로 제1당이 되는 이변이 일어났다. 내전 상황에 있는 미얀마에서도 최근 쿠데타 세력이 정치·군사적으로 궁지에 몰리고 있다.

12.3 계엄사태로부터 지켜낸 대한민국의 민주주의가 앞으로 어떻게 더 튼실하게 뿌리를 내리고 반헌법적 내란세력이 발붙이지 못하게 하느냐는 정치적 민주주의의 제도 혁신에 달려 있지만, 경제민주화도 빼놓을 수 없는 관건이다.

3장

도전받는 민주주의,
선도국가의 방향성

한국에서 극단적 극우 행동주의, 즉 폭력적 민간파시즘은 결정적으로 국가 권력을 사유화해온 윤석열 정권이 조장한 것이지만, 그 저변에는 막강한 교세를 과시하는 대형교회를 중심으로 보수 정치권과 결탁한 근본주의 개신교의 물신주의와 권력 지향적 패권주의가 도사리고 있다. 이들의 전통적인 친미반북의 반공 이데올로기 지형 위에 반중 혐오 담론에다 청년남성층의 사회적 불만까지 결합하여 극우적 민간파시즘의 동력으로 작용한 것으로 보인다.

민주주의 위기를 부른
극우세력의 전면 등장 ●─────

민주주의는
한 번의 승리가 아니라
지속적인 노력이다.
윈스턴 처칠

21세기에 횡행하는 파시즘 망령

오늘날 극우세력의 준동은 역사의 시계를 파시즘의 광기가 세계를 휩쓴 1930년대로 되돌려놓은 느낌이 든다. 유럽을 중심으로 극우 정당이 지지세를 불려 정치적으로 약진하는 현상은 신자유주의적 자본주의의 퇴행과 맞물려 찾아온 서구민주주의 위기의 뚜렷한 징후이다. 이들 극우세력은 전체주의를 지향하며 권위주의를 찬양한다. 법치와 다원주의를 배척하고 언론과 표현의 자유를 제한하는 데 거리낌이 없다.

따라서 의회 중심의 정당정치와 민주적 공화제에 노골적인 거부감을 보이면서도 극우 정당으로 뭉쳐 제도권 정치 권력 장악에 열을 올린다. 히틀러와 무솔리니의 망령이 되살아나 유럽을 넘어 미국에 이르기까지 21세기 서구 세계를 유령처럼 배회하고 있는 형국이다.

파시즘은 잠재적 적이나 경쟁자를 병균과 같은 존재로 보기 때문에, 이번 윤석열의 12.3 비상계엄 사태에서처럼 '수거하여 척결해야 할 ' 대상으로 본다. 과거의 파시즘과 오늘날의 파시즘은 백인우월주의, 인종 청소, 외국인 혐오의 인식과 구호를 공유한다.

과거 서유럽의 파시즘은 자유민주주의 시장경제와 대의 민주주의가 사회의 구조적 모순을 해결하지 못한 데서 온 반작용이었다. 그렇다면 오늘날 세계 극우체제의 선봉장으로 등장한 미국의 트럼피즘은 어디서 온 것일까?

중국의 전면적 도전에 직면한 미국의 패권국 지위의 약화, 민주적 개혁을 표방하고 집권한 민주당이 세계화의 산물인 양극화의 심화, 열악한 일자리 등의 문제를 해결하지 못한 데서 온 백인 노동자들의 위기의식과 배신감을 반영한다. 서구 자유 세력의 위기가 이데올로기적 위기를 수반함과 동시에, 후기 신자유주의의 시장 지상주의가 전체주의, 권위주의, 국가주의, 인종주의 등 극우 이데올로기를 수면 위로 부상시킨 것이다.

신자유주의의 극단화는 민주주의의 기반을 붕괴시키고 국가주의를 강화한다. 세계 각국에서 극우세력이 약진하는 가운데 트럼프가 재집권에 성공한 미국처럼 정치 권력까지 차지하는 사례가 늘고 있다. 연일 트럼프의 보편적 상식을 벗어난 폭탄 발언을 통해 실감하는 유사 파시즘의 준동은 자본주의 위기에 따른 우익세력의 반동이다. 일본의 극단적 우경화 경향도 미국에서 트럼피즘이 번성하는 것과 같은 맥락이다.

미소 대결로 압축된 과거의 냉전적 지배질서는 노르웨이 사회학자 요한 갈퉁이 지적한 대로 구조적인 파시즘의 특징을 지닌다. 서유럽 일부 국가를 제외하면 세계 자본주의의 중심국 미국의 매카시즘, 냉전 그리고 테러와의 전쟁으로 이어져 온 폭력 행사 과정은 다분히 유사 파시즘적인 경향을 띠고 있다. 그 과정에서 나타난 경향은 미국의 우경화가 예견된 뚜렷한 징후였다.

요한 갈퉁은 1959년 국제평화연구소를 창설하고, 1964년 평화학 학술지《평화연구》를 창간했으며, 그해 세계평화학회를 창립했다. 우리나라에도 널리 소개된 그의 저서《평화적 수단에 의한 평화》는 최고의 평화학 교과서로 꼽힌다. 일찍이 전쟁이 없는 상태는 '소극적 평화'에 불과하며, 빈곤과 차별과 같은 구조적 폭력이 없는 '적극적 평화'를 지향해야 한다고 주장한 그는 20세기 평화운동의 세계적 리더였다.

과거 식민지 종속국이던 제3세계 후발 자본주의 국가에서는 끊임없이 군사쿠데타가 일어나 군부의 지배체제가 만연했다. 세계사적으로 보면 20세기도 민주주의가 정착된 시기였다고 단언하기는 어렵다. 19세기 보나파르티즘은 20세기 파시즘으로 우경화하여 민주주의 제도 속에 스며들었다가 21세기 들어 노골적으로 존재감을 드러내면서 준동하기 시작했다.

반공주의와 결합한 신자유주의

글로벌 신자유주의 시대에 시민권은 침식되거나 앙상하게 뼈만 남고, 참여는 오직 소비자로서 참여만이 권장된다. 노동자의 참여, 지역사회의 자치와 주민 참여 기반이 취약한 상태에서 자본 권력이 강화되고 게다가 미디어의 영향력까지 더욱 확대되면서 맞닥뜨린 신자유주의 시대에 대중은 주로 소비자, 특히 미디어 소비자로서 존재가 부각되었다. 그런 가운데 의사소통의 통로인 공론장이 왜곡되면서 극단적 팬덤정치가 더욱 극성을 부리게 되었다. 이것은 신자유주의 소비사회의 병리적 현상으로, 소비가 시민권을 누르고 승리했음을 뚜렷하게 보여주는 사태다.

한때 높은 복지 체제와 사회국가의 특징을 보여주던 프랑스와 독일을 비롯한 서유럽 국가는 노동자계급의 파편화와 정치 참여의 쇠락으로 계급정치가 붕괴하다시피했고, 세계화 이후 이주노동자 문제로 신극우주의 파시즘 세력이 정치적으로 크게 약진했다. 이런 추세가 미국으로까지 번져 2021년 국회의사당 침탈로 절정을 이루었다. 동아시아 국가에서는 일본을 제외하고는 극우 파시즘 세력이 준동할 여지가 거의 없었지만, 최근 들어 20~30대 청년남성층의 보수화와 더불어 양상이 크게 달라졌다.

지난 20대 대선 이전에 윤석열과 최재형 등의 관료 출신이 보수당의 일원으로 들어와서 쏟아낸 말은 대부분 신자유주의와 반공주의가 비논리적으로 혼합된 기괴한 모순덩어리였다. 미국을 제외한 선진 자본주의 국가 어디에서도 찾아볼 수 없는 한국식 우익 담론으로, 당시 윤석열 후보도 그랬듯이 신자유주의 이론을 제공한 밀턴 프리드먼의 《선택할 자유》를 전범으로 삼는다.

사실 밀턴 프리드먼은 시장주의를 신봉하는 시카고학파의 대부로서 신자유주의 이론의 선봉이긴 하지만, 극우주의자는 아니다. 또 통화이론을 비롯한 그의 경제학이 보수 담론을 대표하긴 하지만, 극단의 경제이론은 아니다. 그런데도 극우주의자들이 자기 논리의 근거로 프리드먼을 내세운 데는 자신들의 언동을 합리화하기 위해 세계적인 경제학자이자 보수학파의 수장으로서 노벨경제학상 수상자이기도 한 그의 명성을 이용한 측면이 있다.

02

극우화의 기제와
극우세력의 준동 •————————

민주주의는
폭력 없는 변화를 가능하게 한다.
마하트마 간디

한국 극우의 사회적 기반

윤석열 대통령의 내란사태 이후 벌어진 서부지법 폭력 침탈은 파시즘적 징후를 보이긴 하지만, 파시즘 세력의 전면 등장으로 보기는 어렵다. 서구 선진자본주의 국가의 파시즘은 공통으로 인종주의, 이주민 혐오, 다양성 혐오, 국수적 민족주의를 공통적인 주요 기반으로 삼아 아래로부터의 극우 이념 선동, 정당 조직화 방식으로 존재감을 키워왔다.

그런데 한국, 일본, 중국 등 동아시아에서는 주로 국가 권력이 파시즘을 주도하였으며, 파시즘의 기층 사회적 기반은 허약했다. 다만, 제국주의 향수가 강한 일본의 경우에만 인종주의적 요소가 도드라질 뿐이다.

파시즘의 기반이 극우 이데올로기라는 점에서는 예나 지금이나 별반 다르지 않은데, 한국의 경우에는 역사적 요인과 정치적 요인에 더해 최근의 국제적 추세까지 중첩되고 있지만, 극우세력의 사회적 기반은 구미권 국가들에 비하면 상대적으로 미약하다. 하지만 한국 기독교의 극우화와 파시즘적 경향은 이승만 정권 때부터 이식되고 한국전쟁기 월남한 피난 기독교 세력에 의해 확대되어 본격화한 현상으로 그 뿌리가 매우 깊고 강고하며 양상은 심각하다. 기독교 요소를 제외하면 대체로 자기 소속 집단이나 개인이 '사회구조적 희생자'라는 피해의식이 파시즘의 동력으로 작용하는데 20대~30대 남성의 보수화와 여성 혐오 선동이 대표적이다.

미국의 백인노동자가 이주노동자에게 일자리를 빼앗겼다는 피해의식으로 드러내는 폭력성과 한국의 젊은 남성이 여성으로 인해 역차별을 받는다는 피해의식으로 드러내는 폭력성은 공히 선동에 의해 확장된 맹목적 분노에 기인한다는 점에서 궤를 같이한다. 살기 힘든 사회를 만든 정치세력이 그 책임을 사회적 약자인 무고한 이주노동자나 여성에게 돌려 책임을 회피하려는 거짓 선동임을 잘 모르는 무지나 오해에서 비롯한 인지 착오와 확증편향의 비극이다.

한국에서 극우행동주의, 즉 폭력적 민간파시즘은 결정적으로 국가권력을 사유화해온 윤석열 정권이 조장한 것이지만, 그 저변에는 막강한 교세를 과시하는 대형교회를 중심으로 보수 정치권과 결탁한 근본주의 개신교의 물신주의와 권력 지향적 패권주의가 도사리고 있다. 이들의 전통적인 친미반북의 반공 이데올로기 지형 위에 반중 혐오담론에다 청년남성층의 사회적 불만까지 결합하여 극우적 민간파시즘의 동력으로 작용한 것으로 보인다.

전통적 보수정당인 국민의힘이 보수의 가치를 저버리고 극우 이데올로그를 자처하는 전광훈 앞에 고개를 숙이고 표를 구걸하는 모습, 헌법을 짓밟은 내란세력을 두둔한 것도 모자라서 내란 사실 자체를 부정하는 모습은 한국 보수정당의 반정치적이고 저열한 의식 상태를 적나라하게 보여주는 광경이다.

전광훈이 어떻게 교세를 확장하고 정치적 지지세를 불러왔는지는 굳이 들먹일 필요조차 없을 정도로 과몰입된 물신주의와 권력지향의 연속이었다. 소외된 노인층, 열패감에 빠진 일부 청년 남성들을 소모품처럼 이용하고 외면해 버리는 행태로 일관해온 끝에 극우의 아이콘이 되고, 민주사회의 양식을 처참하게 파괴하는 괴물이 되어버렸다.

한국 극우의 사회적 기반은 기독교 근본주의가 주류라는 점에서 미국의 극우와 유사하다. 미국은 20세기 초기부터 복음주의 교단을 중심으로 한 기독교 근본주의 목회자들이 인종주의와 반공, 그리고 반이민 정서를 선동하고 폭력적 파시즘의 확산에 앞장섰다. 한국과 미국의 극우 파시즘 사이에는 인상적인 차이가 있다. 트럼프가 선동하는 미국의 극우세력은 국가 이익을 최우선으로 내걸지만, 숭미친일 성향의 반공주의 기독교 세력이 주류를 이루는 한국 극우세력은 국가 이익에 반하는 언동도 서슴지 않는다는 것이다. 그들은 집회에서 태극기뿐 아니라 상황과는 전혀 연관 없는 성조기와 이스라엘 국기까지 흔들며 배회한다.

사회심리학적으로 보면, 과거 제국주의 국가간 식민지 쟁탈전쟁기에 겪은 무력침탈과 피식민지배로 겪게 된 트라우마와 폭력적 파시즘이 한데 엉겨 낳은 유산이며, **한국전쟁기의 참상과 이념적 적대감으로 고착된 공포와 레드컴플렉스, 미국과 서방의 연합군 파견과 전후 원조경제, 한국전쟁으로 급격히 부흥하게 된 일본의 발전상에 대한 선망과 자격지심이 '숭미친일' 의식을 낳았다고 볼 수 있다.**

'지위 교체' 공포가 키운 파시즘

내란으로 빚어진 대통령 탄핵 정국에서 극우세력이 준동하는 혼란에도 불구하고, 아직 20~30대 청년 남성층 전반이 극우 성향으로 흐르는 조짐은 없다. 다만 청년남성층이 가진 반페미니즘 정서와 반북·반중 정서가 왜곡되어 대표될 우려는 커지고 있다.

한국뿐만 아니라 세계적으로 극우세력의 준동 현상은 주로 일자리와 같은 경제적 어려움에 기인하는 것이 일반적인데, 한편으로는 그 원인에 대한 새로운 분석이 설득력을 얻고 있다.

2016년 미국 대선에서 예상을 뒤집고 트럼프가 승리하자, 고단한 생존투쟁으로 내몰린 블루칼라(노동계급) 유권자들이 민주당에 실망하여 트럼프에 투표한 결과라는 분석이 주를 이루었다. 그런데 다이아나 무츠 교수(펜실베이니아대학)가 여러 데이터를 종합 분석한 뒤 내린 결론은 달랐다. 트럼프 투표의 결정적 요인은 '지위 위협'(status threat)이라는 것이다.

미국의 백인 남성 기독교인의 정체성을 가진 유권자들은 두 가지 측면에서 자신들의 우월적 지위가 위태롭다고 느꼈다. 지금까지 압도적 다수파로 행세해온 백인의 인종적 우위가 위협당하는 데에 따른 두려움이 그 하나다. 다수파의 지위가 엎어지는 '거대한 교체' 에 대한 공포가, 이민자의 유입을 신경질적으로 반대하고 불법체류자의 추방을 폭력적 언사로 주장하는 트럼프에 대한 지지로 연결되었다는 것이다.

또 하나의 요인은 세계 유일의 초대강대국 미국이 패권 국가의 지위를 잃는 데 대한 두려움이 트럼프 지지로 연결되었다는 것이다. 냉전 종식 이후로 유일무이한 절대 강자의 지위를 누리던 미국의 패권에 도전해온 중국에 대한 두려움과 적대감이 트럼프에 대한 환호로 표출되었다.

'미국을 다시 위대하게!' 라는 트럼프의 캐치프레이즈는 미국민의 이런 정서를 정확하게 파고든 효과 만점의 전술이었다.

이런 '지위 위협'에 대한 미국민의 인식이 2016년에 갑자기 생겨난 것이 아니다. 이미 일정하게 형성되어 있던 흐름을 예민하게 간파한 트럼프가 핵심 쟁점으로 부각하는 데 성공했다는 것이 대체적인 분석이다. 물론 그 이면에는 당파적 미디어의 선동과 소셜미디어의 필터버블 효과, 복음주의자 중심의 기독교 우파 지원도 적잖은 역할을 했다.

필터버블(filter bubble)이란 미국의 온라인 정치시민단체 '무브온'의 이사장이자 정치행동가 엘리 프레이저가 《생각 조종자들》(The Filter Bubble 알키, 2011)에서 제기한 개념으로, IT 업체가 개인 성향에 맞춰 걸러진 정보만 제공하는 알고리즘으로 비슷한 성향의 이용자를 하나의 버블(거품) 안에 가두는 현상을 말한다. 기업은 온라인상의 편리한 사용자환경을 위해 개인이 선호하는 소재나 키워드 위주로 정보를 제공하여 호감을 사고, 이용자는 방대한 정보 가운데 필요한 정보만 받게 되면서 필터버블이 형성된다. 이런 필터버블 현상은 특히 이념이나 선동이 개입되는 정보 소비에서 심각한 악영향을 초래한다. 필터버블의 감옥에 갇혀 자기가 좋아하는 뉴스, 보고 싶은 뉴스만 보다 보면 계속 그쪽으로만 노출된 나머지, 다양한 정보를 접하지 않게 되어 인식이 왜곡되기 쉽다. 무엇보다 첨예한 정치사회 문제에서는 편견을 강화하고 거짓 선동까지 맹목적으로 추종하는 정치적 문맹이 되는 통로가 되고 기제가 된다.

우리는 흔히 대중정서에 영합하는 정치인의 발언을 '포퓰리즘'이라고 비판한다. 특히 극우 정치세력이 즐겨 사용하는 레토릭이 포퓰리즘이다. 미국의 정치학자 래리 바텔스 교수(프린스턴대학)는 우리가 포퓰리즘에 대해 '잘못된 통념' 에 빠졌다고 지적한다.

서구 민주주의 국가들에서 포퓰리즘 정당이나 포퓰리즘 후보들의 지지가 늘어나는 동력은 경제적 불만이 아니라 '문화적 우려' 에 있다는 것이다. 앞서 소개한 무츠 교수의 지적처럼, 수십 년간 진행된 인종차별 반대 투쟁으로 인한 성과와 사회적 변화, 기독교의 쇠락 현상과 문명의 충돌이 자신들의 우월감에 기반한 정체성을 훼손하고 있다는 두려움 때문이다.

바텔스 교수가 지적하는 또 하나의 잘못된 통념은 '원주민들 사이의 반이민 정서가 이민자 때문에 발생한다는 것' 이다. 실제로 독일이나 스웨덴처럼 이민자가 다수 유입된 나라에서는 오히려 이민자의 유입에 대한 우호적 여론이 높은 데다가 2015년 시작된 유럽의 난민 위기에도 별 영향을 받지 않았다.

그러나 헝가리나 폴란드와 같이 이민자 유입이 미미한 나라들에서 반이민 정서가 극성을 부렸다. 실제 현실은 우리가 흔히 아는 통념과는 정반대의 상황으로 전개된다. 이유는 뭘까?

해당 국가의 정부 또는 특정 정치세력이 이민자를 정치적 희생양으로 삼아 반이민 정서를 부추긴 탓이라는 게 확인되었다. 반이민 여론이 먼저 형성되고 정치세력이 여기에 편승한 게 아니라 정치세력이 국가 이익에 반하는 당파적 이익을 위해 선도적으로 여론을 조장한 사실이 드러난 것이다.

한국에서도 마찬가지의 '지위 위협' 프레임이 확대될 조짐이 일고 있다는 사실에 주목할 필요가 있다. 물론 극우세력의 사회경제적 기반이 협소하고, 문화적으로 갈등을 일으킬 만한 쟁점도 거의 없어서 극우 선동이 쉽사리 먹힐 수 없는 토양인 건 다행스럽지만, 사소한 불씨 하나라도 어느 순간 방아쇠가 되어 극우세력이 급격히 번성할 수도 있다. 중국에 대한 감정적인 비난과 혐오 선동도 잠재적 위험 인자다.

우리는 명확하게 현실을 인식해야 한다. 물론 미국은 가장 중요한 우방이자 교역국으로서 소홀히 다뤄서는 안 되겠지만, 중국도 외교 안보 및 교역국으로서 미국 못지않게 중요한 파트너다. 1992년 수교 이후 2022년까지 30년간 한국의 대중 무역수지 흑자 누계는 7,000억 달러가 넘는다. 이 기간에 거둔 전체 무역수지 흑자의 91%에 이른다. 연평균 233억여 달러의 흑자를 봐온 것이다. 반면에 대일 무역수지는 1965년 수교 이래 계속 적자를 기록하여 지난해까지 60년간 누적 적자가 7,500억 달러에 이른다. 1990년대 이후 한국 경제는 중국에 수출해 번 돈으로 살아왔다고 해도 과언이 아니다.

한국의 극우 카르텔이 미국의 트럼프처럼 '지위 위협'을 가장 중요한 이슈로 부각하는 데 성공한다면 전체 정치 판도를 흔드는 강력한

위협이 될 것이다. 우선 극우세력을 포함한 보수세력을 맹목적으로 지지하는 60대 이상 노년층이 갖는 지위 위협이 있다. 유권자 집단으로서 이들은 보수정당에 강고한 애착을 보이는 반면, 중도세력을 포함한 진보정당에 대해서는 강한 적대를 표출한다.

한남동 대통령 관저 앞 탄핵 반대 집회나 1.19 서부지법 침탈 폭동을 보면 20~30대 남성의 가담이 눈에 띈다. 탄핵 찬성 집회에 젊은 여성의 참여가 두드러진 양상과 대조를 이루지만, 20~30대 남성층의 극우화가 본격적으로 일어나고 있다는 징후는 없다. 그나마 불행 중 다행이다.

정말 염려스러운 점은, 근대화의 주역으로 자처해온 국민의힘이 허울만 보수정당인 채, 실질적으로는 극우 파시스트 정당으로 변하고 있다는 사실이다. 물론 국민의힘의 뿌리가 과거 군사독재정권에 있기는 하지만, 그래도 오랫동안 민주당과 정치지형을 양분하며 보수정당을 자임해온 터다. 그런데도 이번 내란사태를 대하는 태도는 윤석열 정권에 노골적으로 부화뇌동하면서 그 정체성이 극우 파시즘 정당으로 급전직하했다.

이런 국민의힘의 극단적 우경화도 '지위 위협'으로 설명된다. 지난 두 번의 총선 패배 등 최근 선거에서 국민의힘은 오랫동안 누려온 압도적 우위를 잃고 소수파로 전락하는 과정에 있는 가운데 내란사태를 맞았다. 만약 박근혜 대통령 탄핵 때처럼 대통령이나 여당의 지지율이 바닥을 보였다면 여지없이 대통령과 연을 끊고 탄핵 열차에 편승했을 것이다. 그러나 탄핵 이후 보수세력의 결집으로 대통령의 지지율이 오히려 올라가고 여당의 지지율이 야당을 앞서는 상황이 벌어지자 내란수괴인 대통령과 결탁하여 극우열차에 탑승하는 것이 향후 정치적으로 유리하겠다는 판단으로 '지위 위협' 담론의 유혹을 뿌리치지 못한 것으로 보인다.

그리하여 국민의힘은 중도확장을 포기하고 일부 합리적 보수의 기대마저 저버린 채 지지율 상승기류에 도취한 것처럼 보인다. 40%를 넘기는 지지율은 그들에겐 실로 오랜 만의 상승감과 안도감을 안겨주었을 것이다. 그러나 실적이 뒷받침되지 못한 감정적 지지율 상승 현상은 신기루 같은 것이어서 어느 순간 반짝하고 마는 이슬처럼 사라질 수 있다는 사실을 상기해야 한다.

03

탄핵 이후
정치 전망 •————————

민주주의는 다수의 지배이지만,
소수의 권리를 존중해야 한다.
헨리 키신저

잃은 것과 얻은 것

윤석열 내란사태로 한국의 민주주의가 삽시간 위기에 빠졌지만, 얻은 것도 있다. 무엇보다 어떠한 반헌법적, 반민주적 반동도 용인하지 않겠다는 성숙하고도 결연한 시민의식을 확인하게 되었다는 사실. 이번 계엄사태는 야당의 신속한 대처와 위험을 무릅쓴 시민들의 즉각적인 저항으로 인해 하룻밤 망상으로 그쳤지만, 민주주의에 대한 극우 파시즘의 위협은 앞으로도 끊이지 않을 것이다. 다만, 이번에 확고부동하게 보여준 시민의 민주적 신념과 의지, 연대의 힘은 앞으로도 반헌법 세력이 함부로 준동하지 못하도록 경종을 울리게 한 것으로도 한국 민주주의의 적잖은 성과다.

그렇다면 이런 사태가 일어나지 않도록 사전에 방지할 수 있는 근본적인 대책이 시급하다. 이번에는 가까스로 불법 계엄을 저지하고 내란수괴를 탄핵하며 사태를 수습했지만, 그 과정에서 현행 대의민주주의 한계를 절감해야 했다. 그 자체로 보완할 점도 적잖지만, 직접민주주의 요소를 확대 도입해야 할 필요성이 제기되었다. 또 정당정치의 전면적 개편을 전제로 민주적 평화·복지·생태 국가 건설을 지향해야 한다는 데 정치권의 의견을 모으고 실행함으로써 국민 여론에 부응해야 한다.

한국 극우의 기반은 기독교 근본주의와 결합한 정서적 반공주의다. 여기에 정치화하고 상업화한 대형교회의 이해관계가 맞아떨어져 극우세력의 토양이 마련되었다. 왜곡된 이데올로기를 내세운 극우세력이 준동하게 된 정치지형의 변화는 우리가 거시적으로 극복해야 할 정치 구조혁신의 제일 과제다.

오늘날 세계 정치사적 조건에서 한국은 어떻게 복지국가로 성장할 수 있을지에 대한 고민도 중요하지만, 그에 앞서 과연 한국은 어떻게 하면 현재의 외교 안보와 경제 환경에서 주권국가로서 실질적 외교통상 주도력을 행사하는 선도국가로 발돋움할 수 있을 것인지부터 논의할 필요가 있다.

대만과 일본의 그릇된 타산지석

　대만의 집권 여당 민진당(민주진보당)은 윤석열 계엄사태 이후 이를 지지하는 뉘앙스가 뚜렷한 글을 게시하여 파문을 일으켰다. 한국의 내란 발발 하루 후인 12월 4일, 민진당 입법위원(국회의원)들은 SNS에 "한국 국회가 친북세력에 의해 통제되는 상황에서 윤석열 대통령이 3일 긴급 담화를 통해 종북 세력을 척결하고 자유 헌정질서를 지키기 위해 비상계엄을 선포했다"고 썼다. 그러면서 '대만 입법원에서도 국민당과 민중당이 각종 국방예산을 삭감하고 위헌적으로 권력을 확장하며 국가안보 관련 제안을 저지하는 일이 벌어지고 있다' 고 덧붙였다. 참고로, 현재 대만 입법원은 재적 113석에 여당(민진당)이 51석으로 과반에 미달해 여소야대 국면이다.

　이런 소식이 전해지자 대만 야당에서는 여당이 계엄을 지지한다는 의심을 제기했다. 온라인상에서는 "대만 역시 한국처럼 계엄을 해도 되는 것이냐" 며 비판 여론이 들끓는 가운데 국민 여론까지 악화하면서 논란이 커지자 민진당은 원문을 삭제했다.

　대만도 계엄에 대한 트라우마를 안고 있다. 1949년 장제스 국민당 정권이 발령한 계엄령이 1987년까지 38년간 이어지는 가운데 반공을 앞세워 반국가적 불순분자를 뿌리 뽑는다는 명분 아래 반체제 인사들을 닥치는 대로 잡아 숙청했다. 대만 국민은 이 기간을 '계엄시대'라 부르며, 한국민이 유신독재의 '겨울 공화국' 시대를 떠올리며 몸서리치듯 한다. 민진당은 민주화운동 세력을 주축으로 대만 민족주의 세력이 합세하여 1986년에 창당한 진보정당으로 계엄 종식 이후 합법화되면서 세를 불려왔다. 그러다가 2000년 3월에 실시된 총통 선거에서 승리함으로써 반세기 동안 계속된 국민당(중국국민당)의 일당 장기집권을 끝내고 처음으로 평화적 정권교체를 이뤘다. 이렇게 대만 민주세력의 염원에 힘입어 집권당으로 성장한 민진당 입법위원들이 한국의 반헌법적 계엄을 지지하는 듯한 글을 올리자 40년 가까이 계엄의 암흑시대를 겪은 시민들이 단단히 화가 난 것이다.

한편 일본에서는 유력한 극우 인사가 한국의 불법계엄 실패를 두고 계엄이 실패하지 않으려면 이를 타산지석으로 삼아 헌법상 정부 권한을 더욱 강화해야 한다는 주장을 펼쳐 파문을 일으켰다. 윤석열 대통령의 계엄을 감싸고 나선 것이다. 이를 신호탄으로 일본 극우세력을 포함한 보수진영이 한국의 비상계엄 사태를 계기로 헌법 개정론에 불을 지폈다. 비상사태 시 행정부 권력을 대폭 강화하는 '긴급사태 조항'을 헌법에 담자는 것이다. 그러나 진보진영에서 "한국 상황은 오히려 정부 견제가 필요하다는 방증"이라며 강하게 반대하고 나섬으로써 공방이 벌어지고 있다.

이 '긴급사태 조항'은 대규모 자연재해·테러·감염병 확산 등의 국가 비상상황에서 내각이 의회 대신 법률을 제정할 수 있는 '긴급정령'을 발동할 수 있게 하는 내용이다. 집권 자민당과 연립여당인 공명당은 물론, 일본유신회, 국민민주당 등 범보수정당 모두 긴급사태 조항을 신설하는 개헌에 찬성하고, 이시바 시게루 현 총리 역시 동의한다. 하지만 진보진영은 긴급사태 조항은 한국의 계엄령이나 다름없다며 결사코 반대한다. 비상사태라는 명분으로 헌정질서를 정지시키는 행위는 권력자가 권력을 유지하려는 구실일 뿐이라는 것이다.

윤석열의 계엄 실패 이후 이시바 총리가 중의원 예산위원회에 출석해 '윤 대통령은 일한 관계 개선을 한국의 국익이라는 신념으로 추진했고, 그런 윤 대통령의 노력을 해쳐서는 안 된다'고 두둔하여 발언한 대목은, 윤석열 대통령이 취임 후 일본에 대해 얼마나 일방적으로 양보하며 일본의 국익에 보조를 맞춰왔는지를 방증한다.

내란의 분노와 개헌의 블랙홀

앞으로 전개될 제7공화국 체제는 시대 변화를 제대로 담아내고 민주주의 제도를 더욱 공고히 하기 위해, 내란 및 외환 범죄의 수괴와 주요 종사자는 물론 이에 가담하거나 동조한 세력을 더욱 엄정하게 단죄하는 것이 필요하다. 이번 12.3 내란사태도 우리가 지난 군사반란집단과 군부독재 하 국가에 의한 인권 유린과 민주주의 압살 주범들까지 '법대로도' 처벌하거나 청산하지 못했음은 물론, 그 죄질에 비해 너무나 가볍게 사면을 해줌으로써 빚어진 결과다. 국민의힘은 전 국민과 세계가 실시간으로 지켜본 국회 침탈의 내란을 부정하는 내란수괴 윤석열 일당과 기꺼이 내란공범이 되어 내란사태의 사실조차 부정하고 있다. 한편, 개헌론으로 여론을 환기하면서 '헌법 수호세력 대 헌법 파괴세력'의 대립 구도로 몰고 가 대선 구도로의 전환을 꾀하고 있다.

다시 말해, 내란은 없었던 일로 하고, 민주당을 집중타격하여 대선 후보 부재 상태로 몰아넣은 후, 대선에서 승리해 재집권하려는 의도다. 과거의 내각제 개헌론을 다시 꺼내든 속셈도 같은 맥락이다.

사회학자 김동춘 교수의 지적은 그에 대한 우려를 잘 설명해주고 있다.

"개헌론이 블랙홀이 되어 내란의 분노를 빨아들여서도 곤란하고, 모든 것을 대선 구도로 가서 개혁 의제를 대선에 종속시키는 것도 매우 위험하다. 내란 진압의 문법과 개혁의 문법, 그리고 선거의 문법은 완전히 다르다. 내란 진압은 엄한 처벌로 가능하고, 개혁의 문법은 모든 억압받은 세력과 소수자를 포함한 사회세력의 동원과 참여로 이뤄진다. 선거는 대립구도가 핵심이다. 대중은 보수 언론과 매일 계속되는 여론조사와 인기투표 정국이 주도하는 선거 구도로 빨리 흡인된다. 조직된 시민사회의 힘이 그만큼 약하다."

이어지는 김 교수의 지적처럼 이번 친위쿠데타를 막은 결정적인 역할은 민주당과 조국혁신당 등 야권의 합작으로 해냈다. 8년 전 박근혜 대통령 탄핵은 언론과 촛불시민의 힘으로 가능했지만, 그 성과는 민주당이 다 가져갔다.

이번 윤석열 대통령 탄핵과 구속기소는 민주당의 역할이 주효했음에도 시민의 적극적인 현장 대응과 시위가 뒤따르지 않았다면 이뤄지기 힘든 기적이었다. 그럼에도 탄핵 인용 후 벌어질 조기 대선에서 민주당이 승리하면 탄핵 성공의 열매는 모두 민주당이 가져갈 것이고, 조국혁신당 등 소수 야당과 시민 세력은 민주당의 대선 전략에 들러리만 서게 될 수도 있다.

그리고 개헌 논의는 집권에 성공한 민주당의 소극적 태도로 흐지부지될 수도 있다. 물론 대선 국면에서는 개헌 논의가 메인 이슈가 되는 것도 바람직하지 않지만, 대선이 끝나고 집권한 이후에는 개헌의 시대적 소명을 완수해야 한다. '뒷간 갈 때 다르고 나올 때 다른' 식의 결과로 귀결되고 만다면, 한국 민주주의를 위해 결코 바람직한 모습이 아니다. 박근혜 탄핵 이후 들어선 문재인 정부의 한계와 실패를 명징한 교훈으로 삼아야 한다.

시민의 염원과
정당의 책무 •━━━━━━━

민주주의는
시민의 참여 없이는
존재할 수 없다.
존 스튜어트 밀

보수세력의 자기분열과 이승만

우리 현대사에서 민주주의에 관한 한 가장 극적이고도 감동적인
장면을 꼽으라면 아마도 십중팔구는 4.19혁명을 꼽을 것이다. 이런
4.19혁명을 선도한 것은 학생들이었고, 민주주의를 갈망했던 시민과
교수를 비롯한 양심적 지식인들이 그 뒤를 받쳤다. 결정적으로는 권
력에 눈먼 이승만 정권이 시위대를 향해 거침없이 발포하여 학살하
는 만행을 목격한 군이 정권의 명령을 거부하고 지지를 철회함으로
써 이승만 정권을 고립무원에 빠트렸다. 벼랑 끝에 몰린 이승만은 어
쩔 도리도 없이 하야할 수밖에 없게 된 것이다. 이때도 야당인 민주
당은 4.19혁명에 결정적인 기여가 없었지만, 혁명 이후의 과실을 거
의 다 독식했다. 이들은 무능하게도 박정희의 군사쿠데타를 막지 못

하고 또다시 민주주의가 나락으로 빠지는 모습을 넋 놓고 지켜볼 수밖에 없었다. 학생·시민의 피로써 쟁취한 민주주의를 허사로 돌리고 만 것이다.

2022년 5월 대통령에 취임한 윤석열은 이듬해 4.19혁명 기념사를 통해 4.19혁명을 주도한 학생과 시민의 용기와 희생을 기렸다. 이 기념사는 의미 반복이 심한 데다가 '자유'를 남발하여 어수선한 느낌이 있지만, 후반부의 불순한 의도가 과잉표출된 형용모순으로 생뚱맞게 된 단락(아래 세 번째 인용 단락)만 제외하고 보면, 훌륭한 기념사라 할 만하다.

존경하는 국민 여러분, **불의와 부정에 항거한 국민 혁명은 1960년 2월 28일 대구를 시작으로 대전을 거쳐 3월 15일 마산으로 이어졌고, 마침내 4월 19일 전국으로 확산됐습니다. 꽃다운 젊은 나이의 학생과 시민의 희생으로 대한민국은 '자유의 꽃'을 피우고, 자유를 지키기 위한 민주주의의 초석을 놓을 수 있었습니다. 4.19혁명 정신은 대한민국 헌법 정신이 됐습니다**

....

민주주의는 국민의 자유를 지키기 위한 정치적 의사결정 시스템입니다. **자유를 지키기 위한 민주주의가 바로 자유민주주의입니다. 독**

재와 전체주의 체제가 민주주의라는 이름을 쓴다고 해도 이것은 가짜 민주주의입니다. 우리가 피와 땀으로 지켜온 민주주의는 늘 위기와 도전을 받고 있습니다. 독재와 폭력과 돈에 의한 매수로 도전을 받을 수도 있습니다.

....

민주주의의 위기는 바로 우리 자유의 위기입니다. **거짓 선동, 날조, 이런 것들로 민주주의를 위협하는 세력들은 독재와 전체주의 편을 들면서도 겉으로는 민주주의 운동가, 인권 운동가 행세를 하는 경우를 세계 곳곳에서 저희는 많이 봐 왔습니다. 이러한 거짓과 위장에 절대 속아서는 안 됩니다. 4.19혁명 열사가 피로써 지켜낸 자유와 민주주의가 사기꾼에 농락당해서는 절대 안 되는 것입니다.**

윤석열은 위 기념사에서 4.19혁명을 "불의와 부정에 항거한 국민혁명"이라 하고, "독재와 전체주의 체제가 민주주의라는 이름을 쓴다고 해도 이것은 가짜민주주의이며, 우리가 피와 땀으로 지켜온 민주주의는 늘 위기와 도전을 받고 있는데 독재와 폭력과 돈에 의한 매수로 도전을 받을 수도 있다"고 했다. 여기까지는 훌륭하다. 누가 봐도 불의와 부정을 저지른 주체는 이승만 정권이고, 그에 항거한 국민혁명이니.

또 이승만 정권은 민주주의의 탈을 쓰고 독재와 전체주의를 일삼 았으며, 독재와 폭력과 돈에 의한 매수로 민주주의를 위기와 도전에 빠뜨렸으니 가짜민주주의가 맞다. 4.19 기념사답게 이승만 정권의 실체를 속 시원히 밝혔으니 박수받아 마땅하다. 4.19혁명 이후로 "독 재와 폭력과 돈에 의한 매수로 민주주의를 위기와 도전에 빠뜨린" 정권은 박정희 정권과 뒤이은 전두환 정권이다.

그런데 기념사의 그다음 문장이 수상하다. 오랜 군사독재 시대를 종식하고 87년 체제를 연 6.10항쟁 민주세력을 무리하게 가짜민주주 의자이자 사기꾼으로 몰아붙이려 하다 보니 앞뒤 문맥이 전혀 맞지 않게 되어 도무지 무슨 말인지 알 수 없게 되고 만 것이다.

'거짓 선동, 날조, 이런 것들로 민주주의를 위협하는 세력들은 독 재와 전체주의 편을 들면서도 겉으로는 민주주의 운동가, 인권 운동 가 행세를 하는 경우'라며 우리 현대사의 민주화운동 세력을 싸잡아 사기꾼으로 몰아붙인 것인데, 그들은 독재와 전체주의 편을 든 적이 없다. 어떻게 독재와 전체주의 편을 들면서 민주주의를 위해 싸운단 말인가? 가짜로 민주화운동 시늉을 하면서 뒤로는 몰래 독재와 전체 주의 편을 들었다면 호의호식하며 흥청망청 살았어야지 어떻게 개처 럼 끌려가 혹독한 고문을 당하거나 모진 옥고를 치르거나 심지어 의 문사를 당할 수 있단 말인가? 가짜라면 피땀으로 민주주의를 지켜온 민주 진영을 배신하고 전두환에게 큰절 올리며 영달을 누린 김문수나 원희룡 같은 정치인이 아니겠는가.

윤석열 대통령은 4.19혁명 기념사에서 이승만을 불의와 부정의 주체이자 독재와 폭력과 돈에 의한 매수로 민주주의를 위기와 도전에 빠뜨린 당사자로 지목하고서도 취임 이후 이승만 미화와 찬양 작업에 열을 올렸으니, 이런 자기분열 행위를 어떻게 설명해야 할까?

윤석열 정부 출범 이후 이승만기념사업에 대한 정부 지원 예산이 3배로 급증했다. 게다가 이승만을 '이달의 독립운동가'로 선정하여 찬양하면서 이승만 정권에 의한 독재와 헌법 유린 행위, 3.15 부정선거와 만연한 부정부패는 언급조차 하지 않았다. 심지어는 "6월 정읍 발언을 통해 남한만의 단독정부 수립을 주장하여 한반도의 공산화를 저지했다"며 분단의 책임을 공적으로 둔갑시키고, "혼란스러운 국내외 상황 속에서 자유민주주의를 선도했다"며 민주주의를 파괴한 끝에 쫓겨난 독재자를 민주주의 수호자로 가치 전도시켰다.

그런데도 이런 식의 건강부회 논리가 극우의 토양으로 세를 불려가면서 현실 민주주의를 위협하고 있다. 그래서 어느 시대든 민주주의 혁명 이후 그 열기와 염원을 제도로 모아내어 정착시키는 작업이 무엇보다 중요하다. 헌정질서를 어지럽힌 정권을 탄핵으로 끌어내리고 새로운 정권을 창출하는 과정도 민주주의 혁명이다. 다행히도 유혈사태를 막고 민주적 절차를 착오 없이 진전시킨 무혈혁명이다.

새로운 시대와 정당의 책무

1960년 4.19 당시 야당인 민주당이 기여한 것은 별로 없었지만 7.29 총선으로 4.19혁명의 성과를 거의 독차지했으면서도 결국 5.16 쿠데타를 막지 못해 무너지고 말았다. 구체적인 양상은 차이가 있지만 2017년 이후 문재인 정권에서 윤석열 정권으로 이어진 지난 8년의 과정과 맥락은 크게 다르지 않았다. 그것은 "분단체제 하 반공주의 사회에서 제도권 외부의 사회세력이 정치적 기반을 갖출 수 없는 구조적 제약이 작용"하기 때문으로 보인다. 혁명도 가능해 보이지 않지만, 개혁도 아주 힘든 게 우리 정치의 지형이자 한계다.

제7공화국 체제에서는 적극적인 양극화 해소와 정치적 다양성 실현으로 극우 파시즘이 번성하기 쉬운 토양을 사전에 차단하는 정치 시스템과 사회 환경 구축이 시급하다. 2017 촛불혁명 이후 새누리당이 둘로 분당함으로써 다당제로의 변화가 예측되기도 했지만, 얼마 안 가 도로 새누리당이 되고 말았다. 민주당 역시 몇 차례 분당 사태를 맞았지만, 결국은 사실상 도로 민주당으로 돌아왔다. 대통령중심제에서 다당제는 구조적으로 성립하기 어렵다. 그런 점에서는 미국도 우리와 비슷한 상황이다. 진보세력은 권력의 한 축을 담당할 만큼 세력을 얻기 어렵고, 이념적으로 별 차이 없는 두 보수정당이 거대 양당 구도를 이룬 채 중도에서 겨우 한 뼘씩 왼쪽 오른쪽에 위치하면서 번갈아 가며 집권한다.

그런데 최근 들어 양상이 사뭇 달라졌다. 미국 공화당이 트럼프의 등장을 계기로 오른쪽으로 더욱 기울면서 극우가 되어 가듯이 한국의 국민의힘도 탄핵 정국에서 윤석열의 내란에 동조하면서 극우세력과 합체되어가는 중이다. 그러는 바람에 윤상현이나 전광훈 같은 극우 파시스트들이 더욱 기세를 올리고 있다. 만약 국민의힘이 뼈를 깎는 자기 성찰과 혁신이 없다면, 윤석열 지지 세력과 과감하게 결별하지 못한 채 대선에서 승리한다면, 한국은 도로 윤석열 정권 시대로 회귀하고 말 것이다. 어쩌면, 상황이 더욱 악화하여 한국 정치와 정국 주도권을 파시즘의 후예들에게 내주게 될 우려가 크다.

그러므로 가장 먼저 국민의힘이 뼈를 깎는 자기 성찰과 혁신을 이루고, 윤석열 지지 세력이나 극우세력과 과감하게 결별하는 것이야말로 한국 민주주의와 건강한 정당정치를 위해 필수 불가결한 선결 조건이다. 마찬가지로 민주당을 비롯한 야권도 현재의 탄핵정국에서 결코 책임이 없다고 할 수 없기에 국민의힘에 버금가는 자기 성찰과 혁신 노력을 가시적으로 보여야만 한다.

기존의 극단적인 계파 정치와 과감히 결별하고 현대적이고 민주적인 리더십의 교범을 창출해내야 한다. 반사이익으로 유지 온존되는 정치의 종식을 실천으로 보여야만 한다. 그리하여 **명실상부한 민주 정당, 정책 정당, 수권정당의 면모로 주권자를 설득해야만 한다. 이러**

한 양당의 노력이 상호작용을 이루어 정치적 자성과 자정이 이뤄지고 건강하고 합리적인 민주적 리더십 경쟁으로 나서는 정당정치가 복원되어야 한다.

05

선도국가로 가는 혁신 아젠다와 민주주의 과제 •

민주주의는
미래 세대를 위한 책임이다.
그레타 툰베리

먼저 국회부터 혁신할 것

선도국가로 가는 혁신 아젠다는 어떻게 전개해야 할까?

국정 혁신 아젠다를 제기하고 실행하는 방식은 위에서 아래로, 아래에서 위로 쌍방향이되 완전히 열린 방식이어야 한다.

1987년의 헌법 개정은 밀실 합의 방식이어서 국민의 비판을 받았다. 역대 정부에서처럼 전문가들만의 개헌 논의 방식도 지양되어야 할 과제다. 건강한 상식을 지닌 시민사회가 당파적 이해를 떠나 민주주의 백년대계 차원에서 제안하는 내용을 경청하고 충실히 반영하는, 명실상부하게 열린 개헌 논의가 되어야 한다. 서구 선진 법률체계도 대배심 제도로 정착되어 있다. 건강한 상식과 양식을 지닌 시민의 생각과 판단을 존중하고 수렴하는 것은 헌법이 지향하는 근본적인 정신이자 국가 역량의 원천이기 때문이다.

개헌 논의와 더불어 지방자치의 완성을 향한 다양한 논의와 캠페인을 조직하고, 지역사회의 풀뿌리 민주주의를 어떻게 조직하고 확산시키며 연대해나갈 것인가도 동시에 고민해야 한다.

지자체 조례 제정에서 주민이 일정한 입법권을 갖고 있듯이, 이제 혁신 아젠다 수렴과 개헌도 주민자치회, 지역 시민사회와 정당이 함께 논의해야 한다. 헌법과 선거법 혁신도 여기서 시작해야 한다. 정치권에 모든 결정을 위임한 채 정당의 입법권을 물신화하기보다는 사회적 권력 행사를 입법 활동과 연계해야 한다. 국민발안, 시민사회의 개입이 보장되도록 헌법과 선거법을 비롯한 제도 개정이 필요하다. 검찰의 사법 독점권을 축소해야 하듯이 정당의 입법 독점권도 축소할 필요가 있다.

그리고 의사, 변호사 등 사회 기득권층의 집단행동을 개인의 자유와 사회의 공익 사이에서 어떻게 균형을 잡아 조정할 것인지 바람직한 방안도 모색해야 한다. 사회적 약자를 어떻게 보살피고 격려할 것인지도 빼놓을 수 없는 중대 과제다. 모든 시민은 자기 직업과 사회적 정체성을 더욱 분명하게 인식하고 개인의 이익이 공공의 이익에 부합하는 미래를 열어가야 할 것이다.

민주주의가 위기에 처했을 때 조직된 시민의 힘과 깨어있는 시민의식이 빛을 발휘하지만, 시민운동이 직접 정당이나 국회를 대신할 수

는 없다. 그러나 정당이 모든 국가 의사결정의 유일한 중심이 되어야 한다는 것도 시대착오다. 제7공화국 출범에 당면한 이 즈음에 먼저 국회와 정당부터 혁신해야 한다. 그래야 국회와 정당이 추진하는 국정 각 분야의 혁신 입법과 정책 연구 활동이 명분을 얻고 추진력을 갖게 될 것이다.

극우세력의 온상을 없애는 방식

책임 의식이 약한 대통령 단임제, 치킨게임과도 같은 극한대립을 부르는 국회의원 소선거구제로 대표되는 87년 헌법 체제는 윤석열 내란사태를 통해 여실히 한계를 드러냈다. 덧붙이자면, 민주화 이후 한국의 지배세력으로 군림해온 주류 보수세력의 통치 능력 상실을 극적으로 드러낸 사태다. 이미 8년 전에 박근혜 대통령 탄핵을 계기로 보수세력의 민낯과 한계는 고스란히 드러났다. 이후 시민의 여망을 업고 출범했던 문재인 정부의 참담한 실패와 반사이익을 통해 집권하게 된 보수 정권은 이번에는 8년 전의 사태를 뛰어넘는 극단적 자기파괴 행태를 재연하고 말았다.

이렇게 재연된 위기를 국회와 시민의 힘으로 넘어선 지금, 앞으로 과연 그런 내란이 재발하지 않는다고 장담할 수 있을까 하는 의문이 남는다. 미국민은 2021년 1.6 의회 침탈 폭동을 선동한 트럼프를 다시 대통령으로 선출했다. 1934년 파리 콩코드 광장에서 반민주주의 폭동을 일으킨 프랑스 우익세력은 독일에서 나치의 집권과 제2차 세계대전 발발을 계기로 더욱 기승을 부리더니 급기야 독일군이 조국 프랑스를 점령하여 세운 '비시 정부'의 나치 괴뢰가 되었다. 근세의 전쟁과 혼란은 극우 파시스트 세력에게 발호와 번성의 가장 좋은 기회이자 토양이 되어 왔다. 한국에서도 정부 수립기 전후 극도의 정국 혼란을 틈타 서북청년단, 땃벌단 등의 극우단체가 발호하여 독재권력을 비호하는 민간 우익자경단으로서 가공할 테러와 학살에 가담하는 등 세력을 넓혀가기도 했다.

탄핵으로 인한 대선 정국과 정권교체 이후 한국 정치는 제7공화국 수립을 위한 대대적인 국정 혁신과 민주적 정치·사회 개혁에 박차를 가해야 한다. 민주주의를 안정적으로 정착시켜야 극우세력이 번성할 빌미를 주지 않는다. 만약 이번 탄핵 국면 이후 벌어질 대선에서 집권하게 되는 정부와 집권당이 제7공화국 수립을 위한 국정 혁신 과제를 제대로 수행하지 못한다면 한국 민주주의는 심각한 위기에 직면 할 것이다. 내란사태에서 세와 힘을 키운 극우세력은 바로 그 틈을 노릴 것이 분명하다.

한국 정치는 지금, 대내적으로 정당정치 혁신과 제7공화국 수립이라는 중차대한 과업과 동시에 대외적으로는 의회까지 장악한 채 집권 2기를 맞은 트럼프의 미국을 상대해야 하는 버거운 숙제를 떠안고 있다. 대외시장 의존도가 높은 한 경제의 특성상 글로벌 경제 환경의 급속한 변화와 트럼프 리스크라는 엄청난 파고를 넘어가야 한다. 산업 전반에 막대한 연구개발비가 소요되는 AI 쓰나미가 몰아치는 가운데, AI 기술 경쟁력이 현저히 떨어지는 한국에는 향후 성장 동력의 취약성까지 드러나고 있다. 이런 국제 정세와 경제 환경의 변동은 한국의 정치 혁신에는 상당한 장애 요인으로 작용할 공산도 크다.

내란사태에도 불구하고 민주당과 국민의힘 양당의 지지율이 엎치락뒤치락하는 가운데, 예상을 상회 하는 높은 지지율에 고무된 국민의힘이 윤석열 내란을 옹호하면서 극우세력과 결탁하는 방향으로 대선 전략을 설정한 것으로 보인다.

따라서 국민의힘을 배경으로 하는 극우세력은 이번 대선 정국을 통해 세를 크게 불리면서 정치적 영향력을 확대하려 할 것이다. 다음 총선에서는 비례대표를 통해 국회에 진출할 수도 있다. 유럽에서 나타난 극우세력의 제도권 정치 진출이 한국에서도 현실이 될 수 있다는 것이다.

새 정부의 대외 정책

새로 집권하는 정부 여당은 정권교체 이후 어정쩡한 태도로 인해 국정 혁신에 실패한 지난 정부들의 전철을 되풀이해서는 안 된다. 새

정부는 윤석열 정부가 '가치 외교'라는 망상적 자해 정책으로 망쳐놓은 외교 생태계를 복원하여 외교 협상력을 높이고 국제 우호와 선린 관계를 회복함으로써 한반도 문제에서 '당사자 지위'를 당당하게 행사할 수 있어야 한다. 그런 자주적 외교 생태계를 발판으로 대북 관계를 주도하여 군사적 긴장 완화를 발판으로 남북협력 체계와 평화 체제 구축 전략을 진전시켜야 할 것이다. 나아가 한반도를 둘러싼 이해 당사국들을 아울러 항구적인 동북아 평화 논의의 장으로 이끌어야 한다.

그리고 트럼프의 터무니없는 방위비 분담 증액 요구에는 강온 전략을 구사하여 지혜롭고 효과적으로 대처해야 한다. 증액 규모가 받아들일 만한 수준이라면 받아들이되 한국군의 전력 업그레이드 카드를 반대급부로 관철해서 그 증액분으로 사실상 한국군 전력 상승효과를 거둘 수 있도록 빅딜 전략을 구사하는 방안도 강구해야 한다. 만약 트럼프가 실제로 터무니없는 증액 요구를 고집한다면 주한미군의 단계적 추가 감축 같은 강경한 맞불 전략으로 무리한 요구를 철회하도록 하는 압박전략도 고려할 수 있다. 이처럼 한국의 국제적 위상에 걸맞은 외교 안보, 경제정책을 펼칠 수 있도록 촘촘한 대안과 정책을 마련해야 한다.

지금은 트럼프의 관세 폭탄이 세계 경제 질서를 강타하는 것처럼 보일 수 있지만, 그 폭탄이 트럼프가 겨냥하는 중국을 비롯한 다른 나라 경제를 타격하기 전에 먼저 미국 경제를 타격하는 징후가 현저하다. 중장기적으로 보면 국제협정까지 무시해가면서 벌이는 트럼프의 극단적 관세 정책은 성공은커녕 부메랑으로 돌아가 미국을 먼저 가격할 것이다. 게다가 이미 기반이 무너진 미국 제조업의 부활도 트럼프의 뜻대로는 되기가 쉽지 않을 전망이다.

실제로 지난 4월 2일, 트럼프가 '상호관세'를 전 세계에 적용하겠다고 선언한 직후 미국 주가가 폭락하고, 안전자산이라던 미국 국채까지 동반 폭락했다. 그러자 당황한 트럼프는 중국을 제외한 모든 나라에 대한 상호관세 적용을 90일간 유예하는 등 관세전쟁의 동력을 잃게 되었다.

트럼프의 폭주와 100년 전의 폭탄

기후 위기를 부정하는 트럼프의 재등장으로 지구 에너지 정책의 퇴행과 기후위기는 가속화될 것이다.

트럼프의 1기 임기 동안 NOAA(미 국립해양대기청) 청장으로 재임한 티머시 갤러뎃은 국립해양대기청 강령의 핵심 조문에서 '기후변화'라는 단어를 아예 삭제해버림으로써 자기 조직의 정체성을 부정했다. 트럼프가 다시 집권하면서 NOAA의 수난은 전과는 비교도 안 될 정도로 극심해질 것으로 보인다. 일론 머스크가 이끄는 DOGE(정부효율부)가 NOAA의 컴퓨터 시스템에 접속하여 뭔가 '작업'을 꾀하고 있다는 외신 보도가 잇따른다. 그 작업이란 NOAA가 "기후변화 경고 산업의 주된 원동력이라서 장래 미국의 번영에 해롭다"는 전제하에 이 조직을 여러 조직으로 분할·축소·해체하는 작업이다.

트럼프의 보호주의와 관세 정책이 겨냥하는 주 표적은 중국이지만, 한국이나 일본을 비롯하여 수출로 먹고사는 다른 나라들도 예외로 두지는 않을 것이다. 미국과 중국의 패권 경쟁이 가속되는 가운데 중국의 딥시크 개발 충격이 세계를 덮쳤다. 딥시크의 충격이 상징하듯 앞으로 세계 과학기술 시장에서 중국의 영향력은 급속히 커질 것이다. 최고의 인재들이 거의 모두 의대와 로스쿨로 몰리는 한국의 현실을 생각하면 우리 산업의 기술 종속화는 가일층 심화될 것이라는 암담한 미래가 전망되고 있다.

한국에서 대선이 끝나고 새 정부가 구성되면 트럼프는 여러 가지 청구서를 내밀 것이다. 무엇보다 트럼프 행정부의 국제 패권전략과 정책 양면성에 주목한 맞춤형 대응으로 국가적 손실을 최소화하고 나아가 빅딜을 통해 실용적이고도 효과적으로 한국의 이익을 실현하는 적극적인 전략을 구사해야 한다.

무엇보다 제조 혁신 강국이자 미국의 오랜 동맹국인 한국이 그간 미국 경제에 이바지한 바를 객관적인 통계 수치로 증빙하여 제시하고, 한국의 전략적 효용 가치를 최대한 설득하는 한편, 미국의 고관세 실험이 미국으로 되돌아올 부메랑을 각인시킬 필요가 있다. 2023년 한국은 미국 내 FDI(외국인 국내 직접투자) 1위(215억 달러, 90건), 미국 내 리쇼어링과 FDI 계기 고용 창출 1위(14%) 등의 사례가 있다.

정치학자 헨리 패럴과 에이브라함 뉴먼은 네트워크 이론을 국제 정치·외교에 적용한 〈무기화된 상호의존성〉이라는 논문을 통해 글로벌 시대의 갈등과 대립이 어떤 방식으로 이루어지는지, 새로운 해석을 내놓았다. 비대칭적인 글로벌 네트워크에서 허브(중심) 국가들이 상호의존 네트워크를 평화가 아니라 강압의 무기로 사용할 수 있다는 개념을 새롭게 구성한 것이다. 경제 네트워크의 비대칭성으로 인해 네트워크의 허브 국가들이 특정 분야 네트워크 지배력을 가질 수 있으며, 이 국가가 자신의 이익을 강제로 관철하기 위한 무기로 네트워크 상호의존성을 이용할 수 있음을 설파한 것이다.

그러나 이런 비대칭적 상호의존 관계에서 허브 지위의 강대국이 바큇살(주변) 지위의 상대국에 '상호의존성의 무기화'라는 채찍을 과도하게 휘두르면 후자는 아예 관계 이탈을 꾀한다고 경고한다. 정부 간 외교 안보적 대립이 일본의 대중 희토류 의존 탈피, 한국의 대일 반도체 소재 의존 탈피 등으로 이어진 실례는 숱하다.

수입품에 대한 고관세 부과로 미국의 황금시대를 열겠다는 트럼프의 환상은 시작도 하기 전에 미국 내에서도 비판에 직면하고 있다. 한편에서는 1920~1930년대 대공황을 촉진한 '스무트-홀리 관세법'

의 악몽까지 거론된다. 관세 부과가 미국에서 구할 수 없는 재료와 부품에 대한 관세는 소비자 가격을 상승시킬 것이며 미국 수출업체에 대한 보복 조치를 초래할 수 있다는 우려는 이미 현실로 나타나고 있다. 캐나다는 오렌지 주스와 가전제품 등 1,550억 캐나다 달러(약 155조 원) 상당의 미국산 제품에 25%의 관세를 부과하기로 했다.

자유무역 주제에 통달한 피터슨 연구소는 트럼프 대통령의 관세 부과를 세금 인상에 비유했다. 북미가 자유무역에서 25% 관세로 전환하는 것은 극적인 변화로, 미국 경제에 큰 충격을 줄 것이라고 경고한 것이다. 이어 피터슨 연구소는 관세 부과 조치가 미국을 포함한 모든 관련 국가에 경제적 피해를 줄 것이고, 트럼프의 임기 동안 미국의 경제적 타격 규모가 2,000억 달러(약 294조 원)에 이를 것이며, 중국 수입품에 대한 관세는 미국에 550억 달러(약 81조 원) 규모의 타격을 줄 것이라고 분석했다.

이런 경고와 우려의 배경에는 100여 년 전에 미국이 던진 관세 폭탄이 부메랑으로 돌아와 미국의 발등을 찍은 경험도 작용한 듯하다. 1929년 대표적 보호무역주의자로 꼽히는 리드 스무트 상원의원과 윌리스 홀리 하원의원이 미국 경제를 보호하겠다며 발의한 '스무트-홀리 관세법'에는 2만여 종의 수입품 관세를 대폭 인상하는 내용이 담겼다. 허버트 후버 대통령은 농가 보호 공약을 이행하겠다는 정치적 논리로 경제학계의 거부권 요청을 물리치고 법안에 서명하여 발효시켰다. 이로써 미국의 관세율은 평균 40%에서 60%로 뛰어오르고, 이윽고 캐나다 등 교역국들도 보복 조치로 미국산 제품에 매긴 관세를 연쇄적으로 인상했다. 그리하여 미국의 수출액은 1929년부터 4년 사이에 61%나 급감했고, 대공황 시기 전 세계 교역 규모도 25% 감소했다. 국가 간 긴장 고조와 무역 위축, 경제 침체의 여파는 제2차 세계대전의 원인 중 하나로 작용했다.

분단체제와 양극화

경제 문제가 해결되지 않으면 민주주의도 위태롭게 된다. 물론 지속 가능한 경제적 번영을 담보하고 실현하는 기반은 민주주의임은 두 말 할 나위도 없다. 탄핵 정국에서 국가 리더십 부재를 안타까워하는 가운데 "경제가 중요하다"는 말이 어떤 의도를 띤 채로 반복된다. 그러나 원칙대로 절차를 밟아 수습해야 할 엄중한 정치 상황을 경제주의적 시각에 경도된 근시안적 논리로 어물쩍 넘기려는 시도는 경계해야 한다. 이번 사태의 본질은 법치와 민주주의의 심각한 훼손이며, 그 훼손을 완벽하게 복원하지 않고서는 다른 어떤 성급한 예단도, 대안도 의미가 없다.

민주주의는 폭력과 파시즘이 아니라 평화와 다양성 위에서 꽃을 피운다. 대한민국 정부 출범 이후 줄곧 우리 민주주의를 억압하고 정치

양극화가 망국적 지경에 이른 데에는 그 뿌리가 분단체제가 낳은 질곡과 맞닿아 있다. 평소 법치주의자이자 자유주의자를 자처해온 윤석열은 "북한 공산세력의 위협으로부터 자유 대한민국을 수호하고, 파렴치한 종북 반국가세력을 일거에 척결하겠다" 며 내란을 획책했다. 그는 형식적 법률주의자이자 파시스트였다. 내란이 성공했다면 어떤 세상이 왔을까를 유추해본다면 가히 천우신조와 같았던 12월 3일의 밤이었다.

경제력이나 군사력 같은 하드파워로는 주변 강대국과 대등한 경쟁이 어려운 우리에게는 그 대신 소프트파워가 있다. 이 소프트파워는 핵심 자산이 문화 한류뿐 아니라 이를 가능케 하는 민주주의라는 아주 매력적인 자산이다. 민주주의는 우리가 엄혹한 현실을 이기고 살 수 있는 유일한 자산이자 최후의 보루다. 민주주의 없이는 번영도 없고 생존도 없다.

06

낡은 시대의 위기와
선도국가의 시대적 요청 •

정치는 국민을
어떻게 일으켜 세울까를
모색하는 것이다.
영화 〈길 위에 김대중〉에서

보수세력의 뿌리와 기득권 카르텔

한국의 보수세력은 일제강점기부터 이승만, 박정희, 전두환 등의 독재정권을 거치면서 놀라운 변신술과 생존본능을 보여주었다. 현재 한국 보수세력의 주류는 친일 부역자로 영달을 누리다가 해방 후 반공주의자로 옷을 갈아입고 독재정권에 부역하면서 기득권을 공고하게 쌓아 올리며 사회 기득권을 장악하고 상류층을 형성한 세력이다. 거기에 민주화운동을 하다가 변절한 뉴라이트 세력이 동승하여 보수주의의 새로운 이념 정립을 통한 이념전쟁, 역사전쟁을 펼치고 민간 영역의 조직화 작업에 매진하며 범보수세력 확장과 우경화에 일익을 담당했다.

이들은 권력의 변동과 역학관계 및 정치 정세와 여론의 풍향에 따라 자유자재로 변신해가며 기득권을 유지하기 위해서라면 얼마든지 새로운 박근혜, 새로운 윤석열을 만들어내기를 마다하지 않았고, 처음엔 친이, 친박, 친윤 등으로 나눠 싸우지만, 권력이 지고 나면 어김없이 새로운 권력 앞에 줄을 서왔다. 내란사태 이후 극우세력과 결탁하여 기꺼이 내란 동조 세력이 되었지만, 이런 정략도 지지율이 떨어진다면 언제든 극우세력과 단절하고 천막당사를 치고 석고대죄하는 쇼를 펼쳐가면서라도 기득권 유지, 온존에 열과 성을 다해왔다.

보수세력을 대표하는 정당임을 자처하는 국민의힘이 내란 행위를 비롯하여 윤석열과 극우세력을 적극적으로 감싸면서 내란사태의 책임을 민주당에 전가하는 전략을 구사하는 데는 재집권을 향한 집착이 작용한 것으로 풀이된다. 이들과 이해관계를 같이하는 보수 매체들도 앞에서 끌고 뒤에서 밀며 기득권 카르텔을 지키는 데 급급한 나머지, 민주주의의 기본 가치마저 저버린 채 내란사태를 확산하는 데 몰입하는 실정이다.

정권교체를 넘어 정치교체

우리는 지금 중대한 과제에 직면해 있다. 하나는 신속하게 내란 사태를 종결짓는 일이고, 다른 하나는 87년 헌법 체제의 한계를 극복하는 새로운 헌법을 세우고 그에 따라 새로운 제7공화국을 출범시키는

일이다.

이런 중대한 과제 앞에서 그 어느 때보다 국회와 정당의 역할이 중요하게 되었다. 극우화로 치닫는 세력의 준동을 제압하고 정국과 현안을 가두에서 다시 국회로 끌여들여야 한다. 내란사태 정리 작업과는 별개로, 냉철하고도 차분하게 민생 정책을 다잡고 국제 통상과 외교 현안의 긴급한 사안부터 논의하여 국가적 전략과 정책을 세워야 한다.

그와 동시에 내란사태로 초래한 우리 정치의 현 단계를 허심탄회하게 진단하고 다음 정부와 헌법체제를 준비하기 위한 정치적 해법과 정책적 대안은 마련되어야 한다. 그것이 내란사태로 인한 국민 분열과 앙금을 조속히 정리하고 치유해야 하는 국회와 정당의 마땅한 책무다. 정당정치의 신뢰 회복은 거기서부터 비롯될 것이다.

특히 여당인 국민의힘은 내란세력, 극우 집단과 결별하고 윤석열 정부의 실정을 겸허하게 인정하고 다음 정부와 선도국가에 대한 진정성 있는 고민으로 개헌 논의에 임해야 한다.

지난 대선에서 윤석열 후보가 남발해 놓은 선심성 개발 정책과 부자 감세 정책이 현실에서 초래한 국가 재정적 재앙을 해소하기 위한 노력을 야당보다 앞서 경주해야만 한다.

그리하여 여야가 서로의 정체성을 올바로 확립하고 정치적 진로를 밝히며 개헌과 선도국가의 전망에 대한 정책적 경쟁과 협력을 해나가야 할 것이다.

선도국가를 여는 개헌은 더 미룰 수 없는 시대적 과제이자 소명이다. 이번에야말로 개헌을 통해 민주주의 백년대계의 기틀을 다져야 한다는 데 누구도 이견이 없다.

우리는 87년 체제로 민주주의와 경제적 도약을 이뤘지만, 미래로 선도할 수 있는 정치 역량과 정치 리더십을 키우는 데는 실패했음을 인정해야 한다.

이번 친위쿠데타는 대통령에게 전적으로 기댄 권력 구조가 이미 임계점을 넘어섰다는 사실을 명백하게 보여준 상징적인 사건이다. 현행 5년 단임제의 대통령제를 분권형 4년 중임제로 개편하고 결선 투표제를 도입하여 다수 득표로 국민의 지지를 받는 대통령이 국정을 안정적으로 운영할 수 있도록 해야 한다.

이와 동시에 비례성 강화를 보장하는 정치개혁 및 선거제도 개혁으로 '정치교체'를 실현해야 한다.

민주주의를 완성하는 중요한 두 축은 정치적 자유의 실현과 더불어 경제적 평등의 실현이다. 경제적 평등으로 양극화를 최소화하도록 국가의 책임을 제도적으로 강화하는 조치가 필요하다.

07

87년 체제의 한계와 선도국가를 위한 개헌의 필요성 ●────────

확실히 하려면 반드시 해야 하며,
그러므로 당신의 침묵은
동의를 의미한다고 가정할 수 있습니다.
플라톤

메아리 없는 정치

제6공화국을 출범시킨 9차 개정 헌법(87년 헌법)은 크게 네 가지의 문제점을 드러냈다.

첫째, 대의제 중심으로 정치체제를 구성하는 바람에 시민의 참정권이 지나치게 제한되었다.

둘째, 대통령과 행정부의 과도한 권한에 대한 견제장치가 미비했다.

셋째, 사회 양극화를 방지하고 해소하기 위한 헌법적 장치가 부족했다.

넷째, 지방자치에 관한 규정이 피상적이어서 중앙정부의 종속을 벗어나지 못하게 된 한계가 있다.

개정 헌법이 여야 합의에 따른 최초의 개헌이라는 의미가 있지만,

개정 헌법에 따라 치러진 대통령선거에서 쿠데타를 주도한 세력이 집권함으로써 개정 헌법의 민주주의적 취지가 퇴색한 아쉬움도 크다. 더구나 민주화운동 세력의 분열로 인해 헌법의 한계를 보완할 정치적 실행력을 장악하지 못하게 되어 이후 40년간 한국 민주주의는 개정 헌법의 한계를 천형처럼 짊어진 채 힘겹게 지나왔다.

그런 한계 속에서나마 사회 각 분야에서는 크고 작은 개혁이 이루어졌고, 낡은 유산을 청산하고 새로운 미래를 열기 위한 국민적 실천이 쌓여 왔다. 민주주의 진전을 위해 개정 헌법의 한계를 극복하려는 다양한 시도가 있었지만, 아쉽게도 괄목할 성과는 거두지 못했다. 여러 차례 개헌 논의가 한 번도 합의에 이르지 못하고 대통령 4년 중임제의 원포인트 개헌 제안도 번번이 무산되었다. 권력 구조뿐만 아니라 노동, 기후환경, 평화통일, 인권 등 시민들의 다양한 헌법 개정의 목소리가 높았지만, 정치권은 이에 끝내 호응하지 않았다.

더 미룰 수 없는 시대적 과업

세계의 변화에 대한 대응 차원에서도 헌법 개정은 더 미룰 수 없는 시대의 과업이다. AI와 바이오 기술이 주도하는 과학기술의 급속한 진전을 이루는 가운데, 가중되는 전 지구적 기후와 식량 위기로 인해 미래의 불확실성은 날로 증폭되고 있다. 부와 식량의 불평등으로 인해 생계를 유지하고 인간답게 살 수 있는 최소한의 조건인 주거, 일자리, 의료, 복지, 돌봄 등 사회안전망의 위기가 커지고 기후변화에 따른 지구촌 곳곳의 기상재난 사태는 현실의 공포가 되고 있다. 한국도 이미 예외가 아니다.

70년 넘도록 지속해온 한반도의 전쟁 상태(정전 상태)는 복잡한 지정학적 갈등으로 인해 미래에 끔찍한 사태에 봉착할 수 있음을 경고한다. 이런 사태에 대비하고 해소할 책임은 정치에 있다. 제6공화국의 성과를 계승하고 한계를 극복하면서 새로운 시대 상황에 대응할 헌법상 근거와 당위를 갖추는 것이 제7공화국의 문을 여는 길이다.

08

선도국가로 가는
국가 혁신 비전 •————————

혁신이란
과거와 다른 방식으로
세상을 바라보는 것이다.
톰 피터스

민주적 통제장치의 강화

제7공화국을 여는 개헌은 우리 국민이 직면한 위기를 극복하고, 국민의 권리를 확대하면서 삶의 질을 안정적으로 보장하며, 인류가 공동으로 직면한 과제를 앞장서서 실천할 헌법적 근거를 만드는 것이다. 그것은 제6공화국의 성과를 계승하고 한계를 극복할 수 있는 국가 혁신을 목표로 한다.

우선 대통령의 권한을 축소하고 국회 권한을 강화하는 4년 중임의 분권형 대통령제 도입이 필요하다.

윤석열 대통령은 총선에서 참패해 국정이 자기 뜻대로 안 되자 군을 동원해 국회를 침탈함으로써 87년에 성취한 민주주의 체제를 일거에 파괴하고 장기 독재체제를 구축하고자 했다.

이런 모의는 2016년 박근혜 대통령 탄핵소추 국면에서도 있었다는 사실이 밝혀졌다. 대통령이 중대한 범죄나 직무유기를 저질러 정치적으로 위기에 처했을 때 군을 동원하려는 유혹이 상존하는데, 이는 지나치게 강력한 대통령의 권한에 기인한 측면도 크다는데 이론이 없다. 그러므로 개정 헌법에서는 대통령과 행정부의 권한과 역할에 대한 전면적인 재검토를 통해 분권과 축소가 필요하고, 국회와 법적 견제력을 좀 더 구체화하고 강화하는 민주적 통제장치 마련이 시급하다. 5년 단임제냐 4년 중임제냐 하는 임기 문제는 그다음으로 생각할 문제다.

　현행 대통령제는 미국식 대통령제에다 의원내각제 요소를 가미한 혼합형 대통령제인데, 대통령제 요소가 더 강하다. 프랑스의 이원집정부제와는 달리 대통령의 의회해산권을 삭제했지만, 대통령의 긴급권을 두었다. 국가긴급권에는 긴급 재정·경제 처분 및 명령(헌법 제76조 제1항), 긴급명령(헌법 제76조 제2항), 계엄(헌법 제77조)이 있다. 12.3 비상계엄선포는 헌법 제77조에 근거한 것인데, 계엄법에 정식 국무회의를 통해 국무위원의 부서가 있어야 유효하다는 규정을 두어 대통령의 독단을 견제하고 있지만, 국무위원의 인사권이 대통령한테 있다는 맹점이 있다. 그러므로 국가긴급권은 목적에 충실하고 남용되지 않도록 통제하는 것이 매우 중요하다.

　그리고 대통령의 인사권과 사면권을 제한하고, 국회 권한을 확대할 필요가 있다. 유명무실한 인사청문회 제도를 개선하고, 감사원장과 감사위원에 대한 인사권 등 대통령이 가진 인사권의 헌법적 근거를 재정비하고, 대통령의 특별사면권 행사를 국회 동의를 거치도록 하여 제한할 필요가 있다.

현행제도에 도입된 형식적 의원내각제 요소의 실질을 살릴 필요가 있다. 특히 국무총리의 국회 추천제를 도입하고, 평상시 내정을 국무총리가 책임지는 책임총리제를 정착시켜야 한다. 대통령은 외교·국방·안보·통일 분야를 전담하되, 국가 긴급상황에서만 국정 전반을 통솔하도록 한다. 프랑스식 이원집정부제를 방불케 하지만, 대통령의 국회해산권이 없고, 국무총리를 국회에서 추천한다는 점에서 차이가 있다.

대통령의 임기는 4년 중임제로 하고, 대통령선거에서 결선투표제를 도입한다. 결선투표제 도입은 선거법을 통해서도 가능하지만, 다당제와 연합정치를 활성화한다는 차원에서 헌법적 규정을 두는 것도 고려할 필요가 있다.

감사원 독립과 검찰청 해체

국정 전반에 대한 감시와 감사의 두 축은 국회와 감사원이다. 이런 감사원을 행정부 산하에 두고 감사원장을 대통령이 임명하므로 감사

기능이 온전히 보장될 수 없다. 따라서 감사원을 대통령이 통제하는 행정부 일원이 아니라 완전한 독립기관으로 재정립할 필요가 있다. 감사원을 국회에 소속하는 방안도 거론되고 있지만, 그렇게 되면 국회의 권한이 필요 이상으로 비대해지는 데다 국회를 감사할 견제장치가 사라지게 된다. 그러니 감사원은 법원처럼 어느 소속도 아닌 독립된 헌법기관으로 재정립하는 것이 타당하다.

검찰청을 해체하여 국무총리 산하의 중대범죄수사처와 법무부 산하의 기소전담기관인 기소청으로 분리하여 재정립하고, 검사의 영장 신청 독점권을 삭제하여 권한을 분산한다. 또 기존의 경찰위원회를 강화하는 한편으로 경찰 자치제를 강화하고, 사법부에 대한 민주적 통제를 구체화한다.

국민 의사에 따라 국회를 구성하되, 지역통합대표에 초점을 맞춘 상원과 인구비례대표에 초점을 맞춘 하원으로 양원제 국회를 구성하여 명실상부한 국민대표기관이자 국가 통합과 안정을 실현하는 구심이 되도록 한다.

생선가게를 고양이한테 맡긴 꼴이 나지 않기를

국회에 대한 국민의 신뢰도는 국가기관 중 거의 꼴찌다. 주요 여론조사기관에 따르면 19~21대 국회에 대한 부정 평가가 3년 연속 80%

안팎을 기록한다. 한국 정치의 후진성은 국회와 대통령이 상징적으로 대변한다. 국회는 이를 어떻게 부정할진 모르겠지만, 민심의 80% 이상이 국회와 대통령(행정부)을 불신한다. 따라서 국회의 구성과 역할을 헌법으로 재정비하여 정치의 후진성을 벗어나는 제도적 장치를 마련해야 한다.

정치가 갈등을 조율하여 사회적 통합과 발전 동력을 만드는 역할을 한다면, 정치의 상징인 국회에서 그 역할이 책임 지워지고 결과로써 매듭지어져야 한다. 민주국가에서 정치는 사회적 가치의 권위적 배분을 달성할 수 있어야 하지만, 우리 국회는 그 역할을 제대로 해내지 못하고 있다. 갈등을 관리하기는커녕 없는 갈등까지 만들어 극단의 대립을 부추기는 반 정치가 양산되고 있다.

이런 후진적이고 전복된 정치 현실을 극복하기 위해 국회를 양원제로 구성할 필요가 있다. 상원은 지역통합에 초점을 두고, 하원은 인구비례와 다양성을 강조하는 방식으로 구성하는 것이 바람직하다. 민주공화국의 국체를 바탕으로 보수와 진보를 막론하고 다양한 정치세력의 경쟁과 협력이 이루어지도록 제도화하여 다당제와 연합정치가 가능하도록 선거제도를 개혁해야 한다.

국회 상원은 지역대표로 구성한다. 17개 광역시도에서 2~4인의 상원의원 선출하는데 지역별 특성을 고려하더라도 승자독식과 양단 간의 극한대립을 방지하기 위해 소선거구제보다 중선거구제가 적절할 것이다. 17개 광역시도 가운데 3곳(세종, 제주, 울산)이 인구 100만 이하이고, 2곳(서울, 경기)이 인구 500만 이상이다. 인구 분포만 고려하여 선거구와 의석수를 배분하면 수도권에 전체 의석의 절반이 배분된다. 형평성의 문제로 갈등의 소지가 있다. 인구 분포를 무시할 수는 없지만, 지역 대표성까지 고려하여 균형을 맞춰야 할 것이다. 가령, 가중치를 지역 대표성 대 인구 분포의 비율을 60:40 정도로 두면 서로 불만을 최소화하고 지방의 영향력을 회복하는 데도 도움이 될 법하다.

그리고 향후 지방간 불균형을 해소하기 위해 지방자치와 분권을 획기적으로 강화한 지방 행정체계 개편을 통해 광역행정체계를 일신할 필요가 있다.

국회 하원은 인구비례로 구성한다. 거대 정당들의 위성 정당 창당을 방지하는 장치를 마련할 수 있다면 연동형 비례대표제가 바람직하다. 만약 위성 정당 문제를 해결할 수 없다면 연동형 비례대표제 대신 2인~5인을 선출하는 중대선거구제도를 통해 하원을 구성하는 방안도 고려할 수 있다. 중요한 것은 정치세력 간 합의다.

지방자치권 확대와 균형발전

국가 조직과 국정 전반의 모든 문제를 헌법에 규정할 수는 없다. 극단적인 양당제를 넘어 실질적인 다당제를 통한 연합정치가 국회에 정착되도록 하려면 헌법상 근거와 선거법 마련뿐만 아니라 실질적 행위 주체인 정당 간 합의가 중요하다. 이런 합의를 강제할 수 있는 국민적 압력은 필수적으로 보장되어야 한다.

이와 관련하여 단순 다수제와 소선거구제에 바탕을 둔 선거법을 개정하고, 대통령과 광역자치단체장 선출은 결선투표제를 실행하도록 한다. 특히 국회나 지방의회는 국민의 정치적 의사에 비례하여 의회를 구성할 필요가 있다.

그리고 정당법을 개정하여 정당 설립의 자유를 보장하고, 지역 정당 및 다양한 형태의 정당이 활동하기 쉽도록 제도적으로 지원할 필요가 있다. 다만 정당의 반사회적, 반인권적 활동에 대해선 철저히 통제하고 강력히 처벌할 수 있는 법적 장치를 마련하되, 그것이 정치적으로 악용되는 일 또한 없도록 방비해야 할 것이다.

한편 지방자치단체는 헌법상 '지방정부'로 개칭하고 자치영역을 획기적으로 확대한다. 그리고 헌법 전문과 관련 조항에 지방자치와 분권을 명확하게 규정하여 지방정부의 지위를 보장한다.지방정부의 자주적인 조직권을 부여하는 한편 자치행정권과 자치입법권 강화를 통해 자치 재정권을 보장한다.

지방자치에서 실질적 민주주의가 실현되도록 지방정부의 자치권이 주민에게서 나온다는 점과 지방정부의 조직과 운영에 주민이 참여할 권리가 있음을 명시한다. 주민 발안, 주민투표, 주민소환제도의 헌법적 근거를 신설하고, 중앙정부는 지방정부가 감당할 수 없는 부분에만 개입한다는 보충성의 원리를 제도화함으로써 연방제 수준의 지방분권과 자치를 보장한다.

한편으로 **인구의 수도권 쏠림현상과 지방소멸의 위기를 해소하고, 지방 저마다의 특색을 살려 균형발전을 이룰 수 있도록 한다. 그러려면 현행 행정체계의 불균형과 편중성을 개선하는 대대적인 지방 행정체계 개편이 필요하다.** 전 정부들의 지방행정체계 개편논의를 참작하여 전통적인 지방 행정체계를 시대 상황과 주민 요구에 맞게 개편하는 것이다. 초 광역적 협력은 중앙정부의 지원과 주민들의 참여를 통해 권장할 수 있다.

'국민'에서 '모든 사람'으로

민주주의 체제에서 모든 사람의 기본 권리는 인권과 주권으로 집약된다. 인권, 즉 인간으로서의 존엄과 권리는 천부인권으로서 최고의 헌법적 가치다. 천부인권 보호 장치를 강화하기 위해 생명권을 명시하고 행복추구권을 구체화한다. 천부인권의 주체는 '국민'이나 '시민'이 아니라 '모든 사람'이어야 마땅하다.

인권이자 주권을 구체적으로 행사하는 언론 · 출판 · 집회 · 결사 · 표현의 자유를 아우른 '자유권'을 실질적으로 보장하고, 모든 종류의 차별과 혐오를 금지하는 '평등권'의 가치를 재정립하며, 차별금지를 헌법상 가치로 명시하여 정권교체에 따른 관련 법률의 퇴행을 방지한다.

주권자로서 국민의 권리를 확대한다. 지방자치뿐 아니라 중앙정치에서도 직접민주주의적 권리를 보장하는 것으로 주민 발안, 주민소환, 주민투표뿐만이 아니라 국민발안, 국민소환, 국민투표의 권리를 실질로 명시한다. 주권자의 의사 반영 여지를 넓히기 위해 직접민주주의적 방안 외에 청원권과 청구권을 확대하고, 숙의 제도 도입 또는 시민의회 활성화를 권장하는 헌법 근거를 마련할 필요가 있다.

국민 기본권 제한과 관련해서는 적법절차의 원리를 철저하게 규정하고, 국회가 국민의 기본권을 제한하는 입법 활동을 남용하지 못하도록 엄격하게 규정한다.

경제민주화와 상생의 생태계

과학기술혁명과 기후 위기 극복이라는 시대적 요청에 부응하여 공정 성장의 헌법적 틀을 정립할 필요가 있다.

오늘날 각국 경제는 세계시장에 연동하여 돌아간다. 특히 무역으로 먹고사는 한국 경제는 그 연동성이 그 어느 나라보다 강하다. 그러므로 세계시장의 위기는 곧 한국 경제의 위기이며, 한국 경제의 구조적 취약성은 그런 가운데서 반복적으로 재생산되어왔다. 세계자본주의 체제로부터 이탈해서는 존립하기 어려운 한국 경제의 현실 인식을 바탕으로 성장과 분배의 조화를 고민해야 한다.

세계 10위권의 무역강대국으로 선진국에 진입했다는 한국 경제는 재벌 대기업 중심 체제인 데다 수도권과 영남권을 주요 거점으로 성장해온 터여서 위험 분산력이 취약하다. 그리고 대기업과 중소기업 간 격차, 정규직과 비정규직 간 임금 격차 등 경제 전반에 걸친 양극화 현상이 심각한 상황이다. 제7공화국은 이런 현실을 감안하여 문제 해결의 전망과 대안을 제시할 수 있어야 한국 경제는 세계시장에서 지속적인 경쟁력을 유지할 수 있을 것이다. 국가 경제의 경쟁력은 민주주의의 수준으로 결정된다. 따라서 지역균형발전을 중장기적 과제로 설정하고 추진해나가야 한다는 것은 지극히 당위에 해당한다.

제7공화국 수립을 눈앞에 두고 한국 경제의 근본적 체질 혁신은 가능한가 하는 질문은 매우 중요하다. **4~5년 주기로 진행되는 총선과 대선 결과가 지배하는 정치질서 속에서 한국 경제의 구조적 혁신은 지극히 어려운 일이라는 것이 중론이지만, 그런 가운데서도 우리는 경제민주화를 통해 공존과 상생의 경제생태계를 조성하려고 힘써왔다. 그런 노력이 제7공화국에서는 실질적 성과를 거둘 수 있도록 의식과 제도의 과감한 혁신이 뒤따라야 할 것이다.**

과학기술 투자의 지속성과 안정성

"인간은 빵만으로 살 수 없다"는 격언은 첨단과학기술 시대에도 변함없이 유효하다. 아니 갈수록 그 가치가 드높아지는 명제일 것이다. 따라서 경제적으로 기본 생계를 보장하는 차원을 넘어 쾌적한 환경, 수준 높은 문화, 적절한 교육과 보건 의료, 활발한 정치참여의 기회를 충분히 누릴 수 있도록 하는 적극적 권리와 자유의 보장을 헌법에 명시해야 할 때다.

우선 헌법 제9조 문화 국가 원리에 학술 활동과 기초 연구를 포함한다. 이로써 과학기술이 경제발전은 물론 사회 문화의 진보, 환경 보전, 삶의 질 향상, 건강 증진과 정치 참여 기회 확대 등을 가능하게 한다. 학술 활동과 기초 연구에 대한 장려 의무를 국가에 부여함으로써 국가의 미래를 준비하는 과학기술 투자의 지속성과 안정성을 확보하고, 국제적 선도역할을 담당할 수 있도록 한다.

헌법 제127조 개정으로 과학기술인이 과학기술 발전 자체에 집중할 수 있도록 제도를 확립할 필요가 있다. 그러려면 과학기술 정책의 결정 과정에서 국회의 역할을 강화하고, 과학자나 기술자가 그 과정에 적극적으로 참여할 수 있도록 헌법상 근거를 마련한다.

지속 가능한 지구환경

자연환경 보존과 기후 위기 대응은 인류 전체가 직면하고 공동으로 해결해내야 할 문제다. 대한민국도 국제사회의 일원으로서 그리고 환경 파괴와 기후 위기 초래에 상당한 책임을 가진 에너지 대량소비국이자 공업 대국이다. 국제사회의 책임도 있지만, 국가는 환경오염 없는 조건에서, 또 지속 가능한 생태환경에서 살아갈 수 있는 국민의 권리를 충족시켜줘야 할 의무가 있다. 그런 의미에서 인간과 자연의 공존과 기후 위기 극복에 관한 헌법상 규정이 필요하다. 인간과 자연의 공존 가치, 미래 세대에 대한 현세대의 책임을 헌법 전문에 명시하고, 국가와 국민이 함께 해결해야 할 책무를 제시한다.

다시 말해, **지속 가능한 발전과 동시에 기후 위기 극복을 위한 인식의 전환을 바탕으로 경제정책, 산업정책의 기본 방향을 재정립하고 헌법상 책무로 명시함과 아울러 정부와 기업, 국민이 환경보호 및 기후 위기 극복을 위한 국제적 노력에 적극적으로 동참하고 협력할 것을 천명한다.**

공정한 성장과 정의로운 분배

돌봄을 비롯한 복지를 향상하고 교육권과 노동권을 보장하는 국가의 책무를 명시한다.

경제라면 흔히 성장을 우선으로 생각하고 주장하는데, 그에 앞서 놓쳐서는 안 될 중요한 질문이 있다. 과연 누구를 위한 성장인가? 이 질문에 대한 답에 따라 경제 성장의 의미가 사뭇 달라진다. 가령, 자국 화폐의 환율이 치솟는 것을 방관하거나 조장한다면 수출이 호조를 보여서 대기업이나 수출기업들은 이득을 볼뿐만 아니라 수출대금으로 받은 달러를 자국 화폐로 환전하면 그 기간에 환율이 오른 만큼 부가이익을 얻는다. 그러나 대기업에 부품을 납품하는 중소기업은 수입 자재비가 치솟은 환율만큼 폭등하므로 채산성이 떨어진다. 그러면 직원들은 제 급여를 받지 못하게 되어 생계의 곤란을 겪는다. 일반 소비자들도 물가 폭등으로 인해 살림살이가 팍팍해진다.

경제 전체로 통계를 내보면 성장한 것이 분명하다. 그러나 그 성장의 열매가 대기업을 비롯한 소수의 부자를 위한 성장이라면 빈부격차가 더 심해지고 양극화의 골을 더 깊어진다. 양극화 해소와 복지 확대, 인간다운 삶의 보장은 공정한 성장과 정의로운 분배로부터 나온다는 사실을 간과해서는 안 될 일이다. 인간다운 삶을 영위할 수 있는 경제적 자립은 기본 사회권이다. 현행 헌법에 "모든 국민은 인간다운 생활을 할 권리"로만 명시된 이 사회권이 실질을 획득하고 폭넓게 보장되도록 "사회보장을 받을 권리, 국가의 지원을 받을 권리"로 구체화하여 헌법상 근거를 두어야 한다. 그러니까 사회보장권, 주거권, 건

강권, 아동·노인·장애인의 권리, 정보기본권, 소비자 권리, 안전권 등을 명시하고 실질적으로 보장하는 것이다.

국민의 기본권 보장, 특히 사회권 보장, 사회복지 및 관련 서비스를 확대하기 위한 국가의 역할과 책무를 헌법에 명시한다. 또 국가는 국민에게 양질의 공교육을 제공할 의무가 있으며, 누구나 차별 없이 교육의 기회를 누릴 권리가 있다. 교육권은 교육 대상이 아니라 교육 주체로서 당연히 누릴 학습권임을 명확하게 규정할 필요가 있다.

현행 헌법의 사용자 중심 '근로(勤勞)' 표현을 노동자 중심 '노동(勞動)' 표현으로 수정한다. 또 노동시장의 이중구조와 양극화를 극복하고 비정규직 차별을 없애기 위한 '동일가치 동일임금'의 원칙, '노사 간 대등한 결정' 원칙을 명시한다.

전 세계가 공통으로 기념하는 5.1 '노동절'을 한국만 여전히 '근로자의 날'로 기념한다. '근로(勤勞)'라는 단어는 권리보다는 '근면 성실의 의무'를 내포하는 반민주적 개념으로 민주공화국의 헌법 개념과도 어울리지 않는다. 노동조건은 노동자와 사용자가 동등한 지위에서 자유의사에 따라 결정하는 원칙을 헌법상 근거로 명시하고, 고용 안정과 일과 생활의 균형에 관한 국가정책 시행의무를 신설한다.

왜 '근로자' 가 아니라 '노동자' 인가

200여 개국 노동자 · 사용자 · 정부 대표가 모여 노동문제를 논의하는 ILO(국제노동기구) 총회에서 노동자를 지칭하는 공식 명칭은 worker(노동자) 하나로 고정돼 있다. 그런데 한국 정부 대표는 그곳에서조차 한국 외엔 어느 국가에서도 사용하지 않는 employee(종업원, 근로자)를 굳이 고수한 나머지 다른 나라 대표들이 알아듣지 못해 어리둥절한 표정을 지었다.

employee는 기업과 고용계약을 맺은 사람을 가리키는 한정된 표현으로, 일반적으로 노동을 제공하는 사람, 즉 노동자를 뜻하는 worker와는 그 개념과 범위가 다르다.

ILO 총회는 누가 못 알아듣더라도 질문할 기회가 없는 시스템이다. 한국 정부 대표가 노동문제의 중심 키워드이자 핵심 주어인 worker를 모두 employee로 바꿔 사용하는 바람에 다른 나라 사람들이 한국 대표의 발표 내용을 제대로 알 수 없게 되었다. 정확히 어떠한 범주의 노동자에 관한 얘긴지 알 수 없게 만들어 한국의 노동 현실을 간접적으로 은폐하는 효과를 자아냈다.

고용주인 사업자는 자기중심의 언어인 근로자를 쓸 수도 있다고 넘어갈 수 있겠지만, 정부가 국제기준을 무시하면서까지 '노동' 이라는 말을 철저하게 회피하는 것은 순전히 정치적인 결정이라고 할 수밖에 없다. 그러면 아예 해당 부처 명칭도 '고용근로부' 라고 할 것을 왜 굳이 '고용노동부' 라고 하는지 모를 일이다.

사실 일찍이 노동자가 근로자가 되고 노동절이 근로자의 날이 된 데는 국민을 바라보는 독재정권의 왜곡된 인식이 뿌리박혀 있다. 군사쿠데타로 들어선 박정희 정권이 1963년에 '근로자의 날 제정에 관한 법률'을 제정하면서 노동자를 근로자로, 즉 노동의 '권리'를 가진 노동자가 아니라 근면의 '의무'를 진 근로자로 전락한 것이다.

일제강점기에도 노동자들은 세계 만국의 노동자들과 함께 메이데이(5.1 노동절)를 기념하면서 일제의 폭력적인 노동정책에 항거했다. 그랬던 것을 해방 후 이승만 정권이 공산주의 선전도구로 이용된다는 억지 논리를 들어 5월 1일 노동절을 대한노총 창립일인 3월 10일로 옮겨 노동자 국제주의의 연대 고리를 끊어버렸다. 이어서 박정희 정권은 명칭까지 바꿔버린 것이다.

국립국어원 표준국어대사전은 노동자를 '노동력을 제공하고 받은 임금으로 생활을 유지하는 사람'이라며 다음과 같이 부연한다.

'법 형식상으로는 자본가와 대등한 입장에서 노동계약을 맺으며, 경제적으로는 생산수단을 일절 가지는 일 없이 자기의 노동력을 상품으로 삼는다.' 근로자는 '근로에 의한 소득으로 생활하는 사람'으로 풀이하고 이때의 '근로'는 '열심히 땀 흘려 일함'으로 풀었다.

우리도 일찍이 주로 노동이라는 말을 사용해 왔는데, 이승만·박정희 정권, 그리고 그 정권을 이어받은 보수 정권에서는 노동을 계급성을 띤 말로 불온시하여 계급성을 희석할 목적으로 근로를 고수해오고 있다. 물론 그전에도 근로가 종종 사용되긴 했지만, 지금처럼 노동자의 계급성을 희석하는 용도는 전혀 아니었다.

새로운 차원의 평화와 통일

한국전쟁의 포화가 멈춘 지 70여 년이 지났는데도 공식적으로 전쟁이 종식되지 않고 여전히 현재진행형이다. 그동안 남북 양측이 서로 휴전협정을 깨지 않아 전투가 벌어지지 않고 있을 뿐이다. 이런 전쟁상태를 종식하고, 휴전협정 대신 평화협정을 맺어 남북의 상호존중과 평화공존을 실천하고 그런 가운데 통일의 길을 찾아가는 것은 더 미룰 수 없는 시대적 과제다.

보수정권만 들어서면 관습적으로 그랬듯이, 특히 극우 인사까지 대거 요직에 포진한 윤석열 정부 들어서는 노골적으로 북한 정권을 적대하고 '응징, 척결, 박멸, 몰살'과 같은 섬뜩한 용어까지 동원해 흡수통일을 주장하는 등 곧 전쟁이라도 벌일 듯 선무했다. 탈북·반공단체는 잇달아 대북 전단을 실은 풍선을 북측으로 날려대며 북측을 자극했다. 접경지 국민은 '연평도 포격 사건'을 떠올리며 극도의 긴장감과 불안감 속에 떨어야 했다.

윤석열 대통령은 병역기피자로 군대 구경조차 해보지 못한 군사 문외한이다. 전쟁이 얼마나 무서운 일인지 알지도 못하고, 또 굳이 알려고도 하지 않는 안보 문맹이다.

평화를 확장하는 일이 호전적 태도로 긴장을 유발하는 행위보다 얼마나 더 가치롭고 현실적인 전쟁 예방책인지를 알지 못한다. 그러니 역대 정부가 심혈을 기울여온 평화 정착을 위한 노력까지 싸잡아서 '가짜 평화'라고 단정 짓는 것이다. 전쟁하는 데 필요한 무기를 마련하는 돈만 안보비용으로 알고, 전쟁을 예방하기 위한 화해 조성에 쓰는 돈도 가치 있는 안보비용이라는 사실을 윤석열과 극우세력에게 이해시키는 일은 우이독경에 마이동풍이 되기 쉽다.

1987년 개정된 현행 헌법에는 북한지역까지 대한민국 영토로 규정한 가운데 북한을 국가로 인정하지 않는다. 그러나 1989년에 남북고위급회담이 추진되면서 북한을 '사실상 국가'로 인정했다. 이후 1991년 9월, 남북이 각각의 국가로서 UN에 동시 가입하고, 그해 12월 13일 '남북 사이의 화해와 불가침 및 교류, 협력에 관한 합의서'(남북기본합의서)에 서명했다.

이어서 같은 해 12월 31일, 남북은 IAEA(국제원자력기구)의 사찰을 수용한다는 내용의 한반도 비핵화 공동선언을 발표했다. 남북기본합의서는 이듬해 2월 19일에 발효됐다. 이후 김대중 정부가 들어서면서 대한민국 김대중 대통령이 직접 평양을 방문하여 조선민주주의인민공화국 김정일 수반과 역사적인 정상회담을 열었다.

이런 역사가 아니라도 그전부터 국제법상으로나 현실적으로나 북한은 엄연히 하나의 국가였다. 대한민국이 87년 체제를 이룬 개정 헌법을 작성하면서 북한을 국가로 인정하지 않고 북한지역까지 대한민국 영토로 규정한 건 현실적 상황 인식보다는 통일의 염원을 헌법에

담은 차원으로 보인다.

이제 명실상부하게 북한을 국가로 인정하고 공존공영과 평화협력의 길을 닦아나갈 헌법상 근거를 명시할 필요가 있다. 평화공존을 추구하면서 통일의 다양한 가능성을 인정하는 길이다. 헌법 전문에는 전쟁에 반대하고 평화공존과 통일의 가치를 명시해야 한다.

따라서 **여야 간 합의로 제3조 영토조항을 삭제할 필요가 있다. 그에 더하여 공존형 통일을 포함한 다양한 통일의 가능성을 열어둘 필요가 있으며, 나아가 한반도의 평화만이 아니라 동북아 평화, 국제사회의 평화 질서 구축을 위한 국가적 노력의 필요성을 명시하는 것이 바람직하다.**

09

그 밖에 논의와 합의가 필요한 사항들 •———

> 혁신은 어제의 문제를
> 오늘의 해결책으로 바꾸는 것이다.
> 세스 고딘

국민투표를 통한 헌법 개정의 양면성

현행 헌법에 따르면 개헌을 위해서는 대통령 또는 국회 재적인원 과반이 헌법개정안을 발의해야 한다. 발의된 개정안은 20일 이상의 공고 기간을 거쳐 공고 60일 이내에 국회 표결에 부쳐 재적인원 3분의 2 이상이 찬성하면 의결이 된다. 그러면 의결일로부터 30일 이내에 국민투표에 부치고, 국민투표는 국회의원 선거권자 과반수 투표에 투표자 과반수 찬성을 얻으면 확정된다.

국민투표를 통한 헌법 개정은 국민 의사를 묻는다는 점에서 가장 확실하게 주권자의 의사를 반영하는 방식이다. 그러나 그것은 헌법 개정을 매우 어렵게 한다는 의미도 된다. 국회 재적인원 3분의 2 이상의 찬성을 얻는 것은 극히 어려운 일이다. 한국의 정치 현실처럼 여야의 정치적 이해관계가 적대적으로 첨예하게 대치하는 상황이 길어지면 아무리 개헌이 시급한 시대적 요청이라 해도 헌법 개정안은 국민투표까지 가기도 전에 좌초할 수밖에 없다.

그렇다고 해서 헌법 개정 요건을 함부로 완화하는 것도 문제가 따른다. 한편에서는 개정이 까다로운 경성헌법보다 국회의 의결만으로 개정할 수 있는 연성헌법의 필요성을 주장하지만, 우리의 현실을 보면 헌법 개정의 최대 걸림돌은 국민이 아니라 언제나 국회였다. 그러므로 헌법을 시대 변화에 따라 개정할 필요가 있을 때 지체없이 개정할 수 있는 제도적 개선 장치나 운용의 묘가 필요하다.

탄핵 정국에서는 개헌 논의의 시기가 쟁점인데, 개헌 논의와 진행 절차가 쉽지 않기 때문이다. 서둘러야 한다는 주장과 신중히 하자는 주장 모두 이유가 있다. 서두르자는 주장은 주요 정치세력이 쉽게 합의할 수 있는 권력 구조 개편 중심의 원포인트 개헌을 제안하고, 신중히 하자는 주장은 자주 할 수 없는 개헌이므로 이번에 할 때 제대로 하자는 주장이다. 두 주장 모두 일리는 있지만, 비판받을 소지도 있다. 서두르자는 주장은 논의에서 시민사회를 배제한 채 밀실에서 정치적 야합을 하는 것으로 흐를 수 있고, 신중히 하자는 주장은 사실상 개헌을 하지 말자는 것으로 비칠 수 있다.

탄핵 이후 대선과 개헌을 동시에 하자는 주장은 권력 구조 중심의 원포인트 개헌을 염두에 둔 주장인데, 여야가 권력 구조 및 차기 대통령 임기 단축을 합의해야 가능한 시나리오다. 정치적 야합 논란이 일 수 있지만, 설득력 있는 합의에 이른다면 국민의 동의를 얻을 수도 있다. 다른 한편에서는 대선 이후 새 정부가 국회와 소통하여 전면적인 개헌 논의를 통해 합의된 개헌안으로 2026년 지방선거 때 국민투표에 부쳐 개헌을 완성하자는 시나리오를 제안한다. 제대로 하자는 주장을 반영한 시간표다.

대선과 동시에 추진하는 개헌도 여야 간 적극적인 소통과 유력대선 주자들의 합의와 의지가 있다면 가능할 수도 있지만, 헌법재판소 탄핵 인용 후 60일 이내에 대선을 치러야 하는 상황에서 정치적 토론 과정과 국민적 의견수렴과정을 고려할 때 제대로 된 개헌을 기대할 수 없다는 게 다수 의견이다. 그렇다면, 대선 과정에서 개헌안이 각 정당의 공약으로 제시되어 국민의 검증을 받는 가운데 한번 걸러지고, 활발한 논쟁을 통해 하나의 안으로 수렴되는 과정을 또 한 번 거친 뒤, 각 정당이 개헌 일정을 확정하여 국민의 지지를 얻는다면, 대선 이후 약속한 일정에 따라 개헌을 추진하면 될 것이다.

중요한 것은 '시민사회 참여'

개헌 과정에서 가장 기본적이고 중요한 것은 '시민사회 참여'다. 물론 개헌은 정치권이 합의해야 가능한 일이지만, 그 과정에 시민사회

참여가 얼마나 실질적으로 이루어지느냐 하는 것이 매우 중요하다.

정치권만의 합의로 개헌을 추진하면 신속하게 하는 장점이 있지만, 개헌의 내용이 국민의 삶에 폭넓게 영향을 미친다는 점에서 시민사회의 참여를 배제한다는 것은 있을 수 없는 일이다. 시민사회의 개헌 참여는 민주주의의 요체인 민주적 과정을 실천하는 의무이자 당위이기도 하기 때문이다.

시민사회가 참여하는 개헌을 추진하되 정치권의 합의와 시민사회의 의견수렴을 효율적으로 융합하려면 각 정당이 개헌안을 미리 제시할 필요가 있다. 국회의장 직속의 헌법개정자문위원회가 정치권의 의견수렴 및 국회 내 토론, 국민토론과 국민의견수렴을 효과적으로 수행하고, 중요 쟁점이 대선후보 간, 정당 간 치열한 논쟁을 통해 하나의 초점으로 수렴되면 정당 또는 대선후보 간 개헌협약도 가능하고, 차기 정부에서 실질적으로 개헌을 추진할 환경을 조성할 수 있다.

민주주의와 공화주의 가치의 공유

마지막 개정 이후 거의 40년이 흘렀다. 강산이 네 번이나 변한 세월이다. 임시 미봉의 원포인트 개헌보다는 제7공화국을 여는 전면적인 개헌이 필요하다. 개헌 논의에서 시기나 방식도 중요하게 고려할 사항이긴 하지만, 본질은 개헌의 내용이다. 개헌의 내용을 시대적 요청과 국민 여망에 맞게 충실히 담아낼 수 있다면 시기나 방식은 얼마든 융통성 있게 조정할 수 있는 문제다. 더구나 원포인트 개헌이 아니라 전면적인 개헌이라면 그만큼 충분히 의견을 수렴하고 숙의하는 과정이 필요하다.

현 시국에서 개헌 논의의 가장 큰 변수가 국민의힘이다. 국민의힘이 내란사태에 대한 책임을 인정하고 사과하는 한편 내란세력 및 내란에 동조하는 극우세력과 단절하지 않는 한, 여전히 민주 헌정을 부정하는 내란세력으로 남을 수밖에 없다. 그렇다면 그런 세력과 제7공화국 헌법 개정을 논의할 수는 없는 노릇이다.

하지만 개헌안의 국회 의결 정족수가 재적의 3분의 2이니 국민의힘을 빼놓고 갈 수도 없는 실정이다. 민주당은 국민의힘을 내란 동조세력과 동조를 반대하는 합리적인 보수세력으로 나누어 상대할 필요가 있다. 합리적인 보수세력이 국민의힘을 대표할 수 있도록 힘을 실어줌으로써 개헌도 성공적으로 수행하고, 건강한 정당정치의 생태계를 구축할 수 있다. 윤석열로 인해 실종된 헌정과 정치를 복원할 수 있다는 얘기다. 민주당과 범야권은 국민의힘을 상대할 때는 개헌 논의 파트너에 한정된 좁은 시각이 아니라 장차 한국 정치의 미래까지 내다보는 열린 시각으로 응대할 필요가 있다. 그리하여 개헌은 민주주의와 공화주의 가치를 공유하는 보수와 중도, 그리고 진보세력 모두가 참여하는 열린 정치의 결과물이 되어야 한다.

4장

선국국가로 가는 혁신 과제

공산주의 국가 모델은 실패하여 역사에서 사라진 지 30여 년이 흘렀다. 재벌 대기업 집단이 시장의 절대 강자로 군림하며 정치 권력을 압도하는 발전국가 모델은 성장의 한계와 동시에 필연적으로 신자유주의 노선과 결합하면서 양극화를 초래하는 한계를 보여왔다. 영미형 자유주의 모델은 1980년대부터 신자유주의 노선에 치우침으로써 복지 체계를 무너뜨려 양극화를 심화시켰고 시장의 실패로 세계 경제 위기를 부름으로써 2008년 이후 종말을 알리며 쇠락했다. 그러나 신자유주의로 인해 한국을 비롯한 세계는 불평등의 급증, 비정규직 확대, 노조 조직률 감소, 빈곤의 증가 등과 같은 고통에 직면해 있다.

혁신의
대안 모델 •————————

혁신이란 모든 것이 끝났다고
생각할 때부터 시작되는 것이다.
한나 아렌트

모두를 위한 국가, 약자를 살리는 세상

한국은 국민총생산과 무역 규모에서 세계 10위권의 경제 대국이지만, 행복지수는 OECD 국가 중 최하위권이다. 출산율 세계 최하위, 자살률 세계 최상위 같은 지표가 삶의 고통 상태에 놓인 한국인의 처지를 잘 보여준다. 우리는 이제 다음 질문에 대답해야 한다.

'한국은 경제적으로 기적 같은 발전을 이뤘는데, 왜 젊은이들은 결혼과 출산을 포기하고 한국을 떠나려 하는가?'

'한국의 많은 노인은 왜 자신이 불행하다고 생각하며, 세계 최고의 자살률을 보이는가?'

'이런 극단적인 질문이 나올 만큼 한국 사회는 무엇이 어떻게 잘못되고 있는가?'

이런 질문을 앞에 두고 우리 사회를 돌아보면 인간의 삶에서 가장 중요한 조건은 무엇보다 사회적 조건이라는 사실을 확인한다.

사회적 조건을 결정하는 주요 변수는 국가의 정치·경제·사회 모델일 것이다. 세계는 20세기에 들어와 여러 가지 국가 모델을 실험했다. 영미형 자유시장 모델, 북유럽의 복지국가 및 사회적 시장경제 모델, 한국과 동아시아 국가들의 발전국가 모델, 구공산권의 공산주의 모델이 대표적이다.

공산주의 국가 모델은 실패하여 역사에서 사라진 지 30여 년이 흘렀다. 재벌 대기업 집단이 시장의 절대 강자로 군림하며 정치 권력을 압도하는 발전국가 모델은 성장의 한계와 동시에 필연적으로 신자유주의 노선과 결합하면서 양극화를 초래하는 한계를 보여왔다. 영미형 자유주의 모델은 1980년대부터 신자유주의 노선에 치우침으로써 복지 체계를 무너뜨려 양극화를 심화시켰고 시장의 실패로 세계 경제 위기를 부름으로써 2008년 이후 종말을 알리며 쇠락했다. 그러나 신자유주의로 인해 한국을 비롯한 세계는 불평등의 급증, 비정규직 확대, 노조 조직률 감소, 빈곤의 증가 등과 같은 고통에 직면해 있다.

네 가지 모델 중 유일하게 북유럽의 사회적 시장경제 모델만이 사회보장과 혁신 경제 건설에서 성공하고 있다. 그렇다면 우리도 이 성공한 모델을 활용하지 않을 이유가 없다. 네 가지 모델의 진행 과정을 보면 성장과 분배에 관한 논란은 이미 실증적으로 결론이 난 문제다. 아무리 높은 경제성장률을 기록해도 정의로운 분배 없이는 지속 가능한 사회를 유지할 수 없다는 것이 명백하게 드러났다. 성장은 중요하다. 그러나 분배도 이에 못지않게 중요하다. 그리고 분배는 성장의 반대말이 아니라 안정적인 성장을 추동하는 선행 지표다.

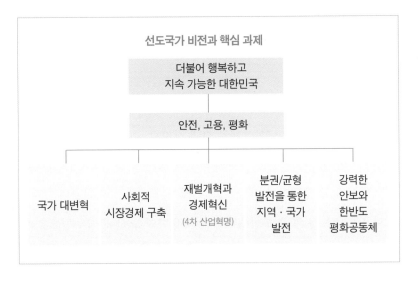

왜 북유럽 모델인가?

노르딕으로 불리는 스웨덴, 노르웨이, 핀란드, 덴마크, 아일랜드, 네덜란드 등 북유럽 국가들은 혁신적 포용 국가를 가장 잘 구현하고 있다. 경제적 성과와 사회적 성과 양면에서 가장 탁월한 성적을 보여준다. 노르딕 국가들의 1인당 국민소득은 유럽연합 28개 회원국 평균보다 1만 유로 이상 높다. 2008년 글로벌 금융위기를 겪고 난 이후의 경제성장률도 일본과 영국은 물론 독일을 비롯한 유로존 국가들의 평균을 상회한다. 사회적 측면에서도 노르딕 국가들의 상대적 빈곤율은 세계 어느 지역의 국가들보다 현저히 낮다. 〈세계행복도조사〉에서 상위 10위권에 노르딕 국가가 6개국이나 들 정도로 행복도도 단연 세계 최고 수준이다.

노르딕 국가들을 비롯하여 사회적 시장경제를 발전시킨 유럽 국가들은 대부분 사회경제 제도를 설계하고 공공정책을 추진하는 과정에 사회보장과 소득 분배, 노동의 경영 참가 등을 보장하여 포용성을 확대하고, 교육과 연구개발, 적극적 노동시장 정책의 활성화를 통해 혁신성을 끌어올렸다. 저성장의 늪과 경제적 불평등에 따른 갖가지 사회적 문제가 분출되고 있는 한국이 북유럽 모델의 포용성과 혁신성의 원리를 잘 응용한다면 위기를 극복하고 높은 수준의 경제적·사회적 성과를 이룰 수 있을 것이다.

그렇더라도 북유럽 모델의 겉모습에만 현혹되어 실질적인 내용을 놓쳐서는 곤란하다. **이들 국가의 제도와 정책 설계를 이끈 핵심 원리인 포용성과 혁신성 그리고 유연성에 주목해야 한다. 이 원리를 적용하여 우리한테 최적화한 사회 모델로 선도국가의 틀을 짜야 한다.**

탄핵 정국을 수습하고 새로 들어선 정부와 대통령은 포용의 리더십을 발휘해야 한다. 조건이 무르익을 때까지 기다리다가는 백년하청이

다. **특히 정치적 조건은 기다린다고 저절로 갖춰지지 않는다. 그 조건을 만드는 것이 바로 정치의 역할이다.** 정권 초기부터 혁신을 화두로 시민사회를 포함하여 초당적으로 대화하고 협의하여 중요한 주제와 정책에서 균형 잡힌 합의를 끌어내야 한다. 그리하여 혁신적 포용 국가와 한국형 사회적 시장경제를 구축하기 위한 국정의 큰 틀을 마련해야 한다.

노동조합, 경제 단체, 비정규직 단체, 자영업자 단체, 농민 단체 등 다양한 이해집단과도 사회적 대화의 물꼬를 터 공생의 방안을 모색해야 한다. 종국에는 사회적 대타협으로 사회적 갈등을 불식하고 화합과 협력의 국가체계를 완성한다면 우리도 북유럽 국가들 못지않은, 아니 그보다 더 향상된 국가 모델을 갖게 될 것이다.

이런 노력이 모두를 위한 국가, 약자를 살리는 세상으로 가는 길을 열어 줄 것이다. 바로 이것이 우리가 바라는 국가다.

02

정치
혁신 ●────────────────────────

정치의 폭력화는
실정의 고백이다.
찰스 메리엄

국가는 왜 실패하는가

왜 어떤 나라는 가난하고, 어떤 나라는 부유한가? 국가는 왜 실패하는가? 어떤 국가가 실패하는가? 세계적인 석학들이 《국가는 왜 실패하는가》에서 제기한 질문이다.

MIT 경제학과 대런 애쓰모글루 교수와 하버드대학교 정치학과 제임스 A. 로빈슨 교수는 오늘날 가난과 번영이 공존하는 세계 불평등의 기원은 어디에 있는지, 실패한 국가와 성공한 국가를 가르는 결정적 차이가 무엇인지 말한다. 남한과 북한의 엄청난 격차에 대해서도 말하는데, 제도의 차이, 즉 정치체제의 차이를 원인으로 꼽는다.

국가의 성패를 가르는 결정적 요인은 지리적 · 역사적 · 인종적 조건이 아니라 바로 '제도' 라는 것이다. 또 한 국가의 운명은 경제적 요인에 정치적 선택이 더해질 때 완전히 달라질 수 있다. 국가의 성패를 결정하는 요소는 정치와 제도의 포용성이다. 지속 가능한 번영을 위해서는 성숙한 민주주의와 포용적 정치제도가 필요하다.

우리는 철 지난 권위주의적 신념과 배타적 복수심에 사로잡힌 윤석열의 폭주가 어떻게 국가를 실패로 몰아넣었는지 똑똑히 보았다. 그는 이미 실패로 판정되어 폐기된 낡은 정치 이념과 경제이론으로 국정을 독단하려다가 다수 야당의 견제에 행보가 꼬이자 아예 민주주의를 파괴하는 방식으로 대응했다. 반헌법적 계엄으로 장기독재를 획책한 것이다. 결국은 파면으로 끝을 봤지만, 그런 사이에 막대한 국부가 흩어져 사라졌다.

우리는 윤석열 내란사태를 반드시 정치 혁신의 계기로 삼아야 한다. 수구세력이 장악한 퇴행적 배타정치를 하루빨리 끝내고 포용 정치로 바꿔야 한다. 그러기 위해 보수와 진보의 혁신 연대가 필요하다.

정치를 혁신하여 착취적인 한국 경제를 공정하고 포용적인 경제로 전환해야 한다. 윤석열 정부가 밀어붙인 가짜 개혁, 반개혁을 바로잡는 것이 시급하다.

유럽과 미국이라는 타산지석

오늘날 유럽이 미국의 디지털 식민지로 추락했다는 한탄이 유럽

내에서 터져 나온다.

지난 2008년, 미국은 자국 발 금융위기를 신속히 수습했지만, 그 여파로 터진 남유럽 국가들의 재정위기에 EU 체제는 근본적인 한계를 드러냈다. 서로 이해관계가 다르고 경제 수준이 다른 국가들이 모인 연합체에 단일화폐를 도입한 후유증은 컸다. 선진 복지국가의 연금이 재정 혁신의 걸림돌로 작용했다.

유럽 국가들 전반의 고령화는 생산성을 떨어뜨리고, 혁신을 앞세운 미국 기업에 혁신이 아닌 규제로 맞선 것이 제 발등을 찍었다. 국제 투기자본은 유럽에서 발을 빼 미국의 실리콘밸리로 몰려가 더 큰 혁신을 이루었다. 그리하여 유럽의 자존심이던 노키아가 몰락하고 유럽은 미국의 디지털 식민지로 추락했다. 세계적 테크노기업 50개 중에 유럽 기업은 4개에 불과하다. 유럽 각국은 노년층과 난민 등 사회가 져야 할 부담은 가중되고 일자리를 잃은 청년들이 분노하는 틈을 파고들어 극우 열풍이 정치판까지 휩쓸고 있다.

저성장·고령화의 위기에 직면한 유럽의 오늘은 한국의 오늘이기도 하다. 우선은 유럽보다 우리 형편이 좀 낫다고는 하지만, 그 차이가 미래를 낙관할 만큼은 아니다.

전 세계 스마트폰 사용인구가 2025년 말이면 60억 명에 이를 것이다. 그런데 스마트폰은 한국, 미국, 중국의 기업들이 대부분 공급하고 있으며, 유럽 기업의 공급은 미미한 수준에 그친다. 더구나 AI를 적용한 프리미엄 스마트폰 공급은 현재 미국 기업들이 독보적이다. 게다가 자율주행 자동차, 인공지능 기술, 우주산업과 같은 미래 첨단 산업 분야도 미국이 독주하는 가운데 중국이 바짝 쫓아가는 현실이고 유럽은 갈수록 뒤처지는 실정이다.

유럽이 이처럼 미국의 디지털 식민지로 떨어진 현실이 꼭 유럽만의 일은 아니어서 강 건너 불구경할 상황이 아니다. 한국도 그 문턱에 서 있으니, 안일하게 대처했다가는 내일이라도 디지털 식민지로 추락할 수 있다.

이런 사태는 경제 문제로 보이지만, 본질을 들여다보면 정치 문제에서 비롯한다. 겉으로 나타난 현상만 경제 문제일 뿐 원인은 정치 문제라는 것이다. 유럽 각국은 EU라는 테두리에 갇혀 정치를 혁신하지 못한 나머지 경제적으로 유례없는 어려움을 겪게 된 것이다. 10년 전만 해도 EU의 GDP는 미국과 엇비슷했지만, 지금은 미국의 57%에 불과하다. EU의 1인당 GDP는 10년 전이나 지금이나 4만 달러 대에 그대로 머물러 있지만, 미국은 7만 달러 대로 급성장했다. 정치 혁신의 차이로 인해 벌어진 격차다. 구체적으로 어떤 차이가 있었을까?

2023년 미국의 R&D 투자는 1조 달러에 이른 데 비해 EU는 그 절반에도 미치지 못했다(참고로, EU의 인구는 4억 5,000만 명에 이르고, 미국의 인구는 3억 4,100만여 명이다). 게다가 미국은 이 막대한 투자비를 선택과 집중을 통해 생산적으로 투입할 수 있지만, EU는 개별 국가별로 따로 연구개발을 하는 데다가 혁신기술 개발보다는 공정 개선이나 회원국 간 격차 완화에 더 쓰고 있어 효율성에서 미국과는 비교도 되지 않는다.

사실 R&D 투자라면 한국이 유럽 걱정을 할 형편이 못 된다. 한국의 R&D 투자는 1,100억 달러(145조 원)로 EU 전체의 27%나 되지만, 민간투자가 대부분이고 2024년 국가 R&D 예산은 전년도보다 14.7%나 줄어든 26조여 원에 불과하다. 과학기술 연구개발의 토대가 흔들리는 가운데 삭감분 예산 중 AI 반도체 응용기술 개발 예산이 75%나 깎여 AI 생태계는 자리도 잡기 전에 초토화되는 지경이 되었다.

정치가 나빠지면 경제가 무너지는 건 이처럼 순식간이다. 이것만 보더라도 정치 혁신이 얼마나 중요한지 단박에 알 수 있다.

03
정부
혁신 •————————————

나쁜 관료들은
투표하지 않는 좋은 시민에 의해 선출된다.
조지 네이선

도자기 박물관에 들어온 코끼리

왜 정부 혁신이 필요한지, 윤석열 정부가 일삼은 행태만큼 극적으로 보여주는 증거도 보기 드물 것이다.

지난 2022년 8월 17일, 작가 유시민은 취임 100일째를 맞은 윤석열 대통령을 '도자기 박물관에 들어온 코끼리' 로 비유했다. 윤 대통령의 폭압적이고도 무지몽매한 국정운영을 두고 '코끼리가 한 번 돌 때마다 도자기가 작살난다. (정치 현실이) 바로 그런 상황 아닌가?' 하고 비유했다. 이 비유의 전제는 '코끼리는 도자기를 이해하지 못한다, 힘이 세다, 무심한 발길에도 근처 도자기는 산산조각이 난다, 도자기를 안전하게 지키려면 코끼리를 밖으로 끌어내어야 한다' 는 것이다.

그로부터 2년 4개월이 지나 이 비유는 현실이 되었다. 국민이 도자

168

기(민주주의)를 지키기 위해 도자기를 파손(내란)하는 코끼리(대통령)를 박물관(정부) 밖으로 끌어낸 것이다.

우리 국민은 윤석열 정부의 등장에서부터 무능과 악정 뒤의 내란, 뒤이은 권한대행 및 고위 관료들과 집권당 의원들의 적반하장 행태의 사법쿠데타를 보면서 정부 혁신의 필요성을 더욱 절감하게 되었다. 무엇보다 국회 청문회의 개선이 시급하다.

북한 궤멸을 주창하는 극우 인사를 통일부 장관에, 반인권의 상징과도 같은 자를 인권위원장에, 극단적인 반노동 인사를 고용노동부 장관에, 감사원을 대통령의 홍신소로 여기는 인사를 감사원장에, 군을 대통령의 사병집단으로 취급하는 인사를 국방부 장관에, 언론 탄압의 선봉에 섰던 자를 방송통신위원장에 임명하여 일거에 국정을 망치고 사회의 건강한 양식을 짓밟아도 이를 실질적으로 제어할 장치가 없다. 국회가 청문회를 통해 부적격 판정을 내려도 무시하고 임명하면 그만이다.

그와 반대로 국회가 여야 간 합의 추천하여 임명을 요청한 헌법재판관에 대해서는 권한대행이 임명을 거부하여 헌법재판관 자리가 장기 공석에 있다가 윤석열 파면 이후에야 가까스로 9인 체제가 채워졌다. 실질적인 견제장치가 필요하다는 것을 윤석열의 인사 폭거가 여실히 보여준 셈이다.

미국 제일주의의 어두운 이면

중국과 경제 패권 경쟁에 들어간 미국도 정부 혁신이 필요한 시기에 트럼프 2기 정부가 들어서 혁신은커녕 반혁신으로 정부를 퇴행시키고 있다. 취임 초기에 이미 트럼프 리스크가 현실화하고 있다. 트럼프 리스크에 DOGE(정부 효율 부) 수장 머스크까지 더해 '트럼스크'(트럼프+머스크+리스크)가 미국 과학계를 강타하여 '이러다 미국 과학이 무너지는 것 아니냐'는 위기감이 높아지고 있다.

트럼프는 2기 임기가 시작되자마자 '효율'과 '미국 제일주의'를 내세워 캐나다, 중국, 멕시코 등 주요 교역국들과 관세전쟁을 시작하더니 연방 공무원 수만 명을 해고하거나 강제 퇴직시켰다. 해고자에는 NASA(미국 항공우주청), NOAA(미국 국립해양대기청), NIH(미국 국립보건원) 등 과학기관 공무원 수천 명도 포함됐다. 기후변화도 사기라고 주장하는 트럼프의 '반과학주의'가 미국 과학계를 뒤흔드는 중심에 아이러니하게도 혁신의 아이콘인 일론 머스크가 자리 잡은 모습이다. 계속 이런 식이면 트럼프 행정부 동안 미국 과학자들의 '탈미국' 흐름이 가속할 것이 분명하다.

일전에 KISTI(한국과학기술정보연구원)은 여러 학술성과에서 중국이 미국을 추월하는 골든 크로스가 진행되는 징후를 보여주는 연구자료를 내놓았다. 논문 발표, 인용횟수 등 최상위급 논문이나 과학기술저

널에서 중국의 약진이 두드러진다는 진단이다.트럼프 정부의 브레이크 없는 폭주를 보자니 한국에서 윤석열 정부가 느닷없이 '연구개발 카르텔 척결' 운운하며 관련 예산을 대폭 삭감하면서 과학기술 연구개발의 토대가 허물어진 사태가 겹쳐 보인다. 반혁신 반민주주의적 정부는 트럼프와 윤석열의 예에서 보듯이 경제 파탄의 방아쇠 역할을 한다. 그러고도 정작 본인은 그런 사실을 모르거나 모른 체한다. 머스크는 트럼프가 혁신이라는 이름으로 내세운 반혁신의 상징이 되어가고 있다.

감시자는 누가 감시할 것인가?

유베날리우스는 '건강한 육체에 건강한 정신이 깃든다' 는 말로 유명한 고대 로마 시인이다. 그는 견제받지 않은 권력자를 겨냥하여 정곡을 찌르는 질문을 던졌다. '감시자는 누가 감시할 것인가?' 이 질문은 그 기원이 플라톤의 《공화국》까지 거슬러 올라간다. '완벽한 통치자가 존재한다면, 제대로 하는지 누가 그를 감시할 것인가?'

이를 한국의 감사원으로 옮겨보자. 감사원이 제대로 감사하고 있는지 누가 감시할 것인가?

감사원의 독립성 문제는 1987년 이후 40년이 되도록 논란이 되고 있다. 한국은 감사원이 대통령에 직속해 있는 데다가 감사원장의 인

사권을 대통령이 쥐고 감사 결과를 보고받기까지 되어 있어서 독립성을 지킬 수 없는 태생적인 한계가 있다.

한국의 감사원장은 임기가 4년으로 짧은 데다가 대통령이 마음대로 임명도 하고 사퇴도 시킬 수 있게 되어서 그나마 짧은 임기도 온전히 채우는 감사원장이 극히 드물다. 기관의 수장이 독립성과 연속성이 없으니 제 역할을 제대로 할 수가 없다. 우리와 달리 OECD 주요 선진국의 감사원장 임기는 대개 10년 안팎인 데다가, 연방제에다 대통령 권한이 약한 스위스를 제외하고는 행정부 소속이 아니라 의회 소속이거나 독립기관이다.

감사원은 국정운영 전반에 영향을 미치는 중요한 기관이다. 만약 영향력이 없다면 존재 이유가 없는 기관이다.

가령, 감사원이 제 기능을 하는 나라라면 느닷없는 포항 앞바다의 대왕고래 사업과 같은 황당한 정치 쇼는 일어날 수가 없다. 그러니까 대통령이 중요한 사안을 잘못 판단하거나 해당 부처 장관이 한갓 아첨꾼이거나 아무리 무능해도 감사원의 정신과 기강만 올바로 살아있다면 바로잡을 기회가 있는 셈이다. 그래서 정부 혁신 차원에서 감사원 혁신은 매우 중요하다.

정부 공무원들끼리 흔히 주고받은 얘기에 우리 정부 행정의 현실이 들어 있다.

'우리가 비록 잘못하는 일은 있어도 절대 실패하는 일은 없지.'

전임자가 추진한 일이 아무리 참담한 실패라도 후임자가 와서 그 일을 '실패'라고 말할 수 없는 구조적 문제를 고백하는 대화다. 큰일을 실패라고 말하는 순간 누군가는 책임을 져야 하므로 잘못했지만 실패는 아니라고 해야 누구도 책임지지 않고 넘어갈 수 있는 구조에서 이런 일들이 쌓여 결국은 '정부의 실패'로 귀결된다.

국가는 종종 실패하고 정부는 자주 실패하지만, 공무원이 실패하는 일은 절대 없는 이런 기이한 구조야말로 정부 혁신이 절실하게 필요한 이유다.

노무현의 정부 혁신

노무현사료관의 자료 가운데 〈민주적 리더십으로 공무원사회 바꾸다〉에는 공직자의 태도에 관한 이야기가 있다. 이에 비춰보면 관료사회의 변화는 법과 제도의 변화도 필요하지만, 문화의 변화가 더 중요하다는 생각이 든다. 노무현 장관은 법과 제도에 앞서 문화부터 바꾸려 한 것 같다.

해양수산부에서 함께 근무했던 공무원들은 이구동성으로 말한다. '노무현 장관은 직원들과 인사할 때도 고개를 90도로 숙이는 등 권위를 내세우는 장관들과는 달랐으며, 현안이 있을 때는 팔을 걷어붙이고 나서는 등 열정을 보여주었다.' 일례로 부처 예산을 확보하기 위해 직접 재경부 담당 과장을 찾아가 예산안을 설명한 바도 있었다. 노무현 장관의 평소 지론은 '스스로 낮추는 데서 권위가 생긴다'는 것이다. 장관 스스로 직원들과의 관계를 상하가 아닌 수평 관계를 지향했고, 이런 탈권위는 나중에 대통령이 되어서도 변함이 없었다.

기획재정부 사무관 재직 중에 내부 부조리를 고발했다가 고초를 겪은 행정학자 신재민은 《왜 정권이 바뀌어도 세상은 바뀌지 않는가》(유씨북스, 2020)에서 대통령 노무현의 정부 혁신 이야기를 전한다.

노무현 대통령 당선자는 예산편성 과정에 대한 문제의식이 많았는지, 대통령직인

수위원회에서부터 '예산 개혁'에 바로 착수했다. 개혁의 핵심은 한마디로 '중앙 집중식 예산편성권의 포기'다. 2005년 5월 예산실은 조직에서 없어진다. 노무현 대통령은 '4대 재정 개혁' 혹은 '3+1 재정 개혁'이라 불린 국가개정운용계획, 총액 배분자율편성제도, 재정사업 성과관리 강화, 디지털 예산회계시스템 구축과 함께 예산실 조직까지 해체해 버리며 예산편성 개혁에 대한 강한 의지를 보였다.

예산실로 예산편성권이 몰리면 청와대는 예산실 한 군데만 통제하면 원하는 예산 편성이 가능하므로 편리한 데도 예산편성권을 부처에 직접 부여하려 했다. 2007년 1월 재정의 효율성 · 투명성 · 건전성을 위해 제정한 국가재정법이 시행됨으로써 국가재정운용계획이 5개년마다 작성되고 매년 5월이면 국가재정전략회의가 열리는 영구적인 성과도 거두었다.

이명박 정권이 들어서자 2008년 2월 예산실은 부활했고 문재인 정권에서도 변화가 없었다. 노무현 대통령 개혁 이전으로 돌아가 버린 것이다.

경제·산업
혁신 ●━━━━━━━━━━━━━━

대변자들의 행정부란
과거에는 혁명의 결실이었지만,
오늘날에는 경제의 결과다.
칼릴 지브란

애덤 스미스의 경고, J.S.밀의 사회적 원칙

오늘날 가장 중요한 경제혁신 과제는, 경제정책의 혁신으로 중장기 발전 전략과 과제 추진이 가능한 연속성과 일관성 확보다. 정권이 바뀔 때마다 또 선거가 있을 때마다 수시로 바뀌는 경제정책으로 인해 경제 효율의 낭비가 극심할 뿐만 아니라 중장기 발전 계획 수립과 실행이 거의 불가능한 현실이다.

또 하나 그에 못지않게 중요한 경제혁신 과제는 양극화 완화를 통한 경제 민주주의의 실현이다. 애덤 스미스는 《국부론》에서 '사회 전체의 이익과 기업의 이익이 일치하지 않을 경우, 국가는 기업가의 말을 곧이들어서는 안 된다'고 지적했다. 사회와 기업 공동의 번영을 기업가가 원하지 않을 수도 있다고 경고한 것이다. 스미스의 이런 지적을 말하는 사람은 거의 없고, '보이지 않은 손'으로 상징되는 시장주의의 아버지로만 선전한다.

자유론의 대표적인 사상가 존 스튜어트 밀은 19세기 중엽에 의회에서 여성에게도 투표권을 주어야 한다고 연설한 최초의 국회의원이기도 하다. 자유주의 경제학에 기반을 두고 인간이라면 누구나 자유를 누릴 권리가 있다고 생각한 밀은 '사회적 원칙'을 중요하게 여겼다. 이런 밀을 자유주의의 아버지로 추앙하면서 자유시장을 외치는 숱한 사람들 가운데 여성의 권리와 노동에 대해서 진지하게 고민하는 이가 몇이나 될까.

밀의 사유까지는 이르지 못한 채 자본주의를 추앙하는 한국식 자유주의는 유교 이념과 결합하여 가부장적 자유시장 경제를 떠받치는 핵심 이념이 되고 말았다. 세월이 흐르면서 자유시장 경제는 해괴하게 분화하여 '자유' 쪽은 반북 보수가 되고, '시장경제' 쪽은 경제 보수가 되었다.

미래 성장 동력

경제혁신은 성장 동력 확보 전략의 다각적 접근에서 시작되어야 한다. 혁신기술, 신산업 육성, 인적자본 투자 등 다양한 성장 동력 확보 전략의 효과를 비교 분석하고, 각 전략의 장단점과 적용 가능성을 깊

이 통찰해야 한다.

우리 경제가 1997년 IMF 구제금융 사태를 극복하고 재도약할 수 있었던 바탕에는 성공적인 구조조정 전략도 큰 역할을 했다. 정부는 과감한 구조조정을 통해 기업 경쟁력 강화와 경제 재도약을 이끌었는데, 대표적인 성공 사례는 자동차 산업의 혁신적인 변화다.

현대자동차는 품질 향상과 기술 개발에 집중투자하여 세계시장에서 경쟁력을 키우고, 마침내 세계적인 자동차 기업으로 성장했다. 이러한 성공은 기업의 자발적인 분발을 끌어낸 경제혁신의 결과다. 물론 일부 산업에서는 과도한 구조조정으로 인해 고용 불안과 사회적 혼란이 발생하고 전체적으로 양극화가 깊어졌지만, 경제 체질이 강해져 우리 기업의 국제경쟁력이 획기적으로 높아진 것은 사실이다.

이제 미래경제 성장을 위해서는 새로운 성장 동력 확보가 중요하다. 선택과 집중도 필요해 보인다. 인공지능, 빅데이터, 사물인터넷 등 4차 산업혁명 시대의 핵심 동력이 될 첨단 기술들을 기반으로 한 새로운 산업과 서비스가 확대될 것이다. 정부는 이러한 첨단 기술 산업에 대한 투자를 확대하고 관련 인프라를 구축하여 기업의 투자를 촉진함으로써 산업 경쟁력을 높여야 한다.

친환경 에너지 산업도 중요한 성장 동력이다. 기후변화에 대한 우려가 점점 더 커지는 만큼, 태양광, 풍력 등 신재생에너지 기술 개발과 보급에 대한 투자가 필요하고, 에너지 효율 향상을 위한 기술 개발에도 적극적으로 나서야 한다. 단순히 특정 분야에 대한 투자만으로는 성장 동력을 확보하기 어려우니 인적자본 투자, 규제 개혁, 창업 지원 등 다양한 정책적 노력이 함께 이루어져야 할 필요가 있다.

경제혁신 정책을 실행하고 그 효과를 측정하는 데는 다양한 지표를 활용해야 한다. 단순 경제성장률 측정을 넘어 고용률, 소득 불균형, 환경 지속가능성 등 다양한 지표를 종합 측정해야 정확한 평가가 나온다. 가령, 경제성장률이 높아졌더라도 고용률이 떨어지거나 소득 불균형이 악화했다면, 그 정책은 성공적이라고 할 수 없다.

미래경제 성장동력 확보 전략은 다양한 분야를 아우르는 종합적인 접근이 필요하다. 첨단 기술 산업, 친환경 산업, 바이오산업 등 유망 산업에 대한 투자는 물론, 인적자본 투자, 규제 개혁, 창업 지원 등 다양한 정책 수단을 활용해야 한다.

특히 4차 산업혁명 시대의 핵심 기술인 인공지능, 빅데이터, 사물인터넷 등에 대한 투자는 미래 경제 성장을 위한 필수 요소라고 할 수 있다. 이런 기술을 기반으로 한 새로운 산업과 서비스 창출을 통해 경제 성장을 이루고 일자리를 창출할 수 있다.

인공지능이 이끄는 산업혁신

오늘날 AI(인공지능)는 다양한 산업에 걸쳐 혁신의 촉매제로 작용한다. AI는 과거에는 상상조차 못 했던 수준으로 일상과 비즈니스 방식을 근본적으로 변화시키고 있다. 특히, AI 기반의 시스템은 많은 분야에서 효율성을 극대화하고, 새로운 가능성을 열어주고 있으며, 이미 그 변화를 피부로 느낄 수 있는 사례가 무수하다. 이러한 변화의 중심에 선 빅데이터와 고도의 알고리즘이 융합된 AI 기술은 산업에 새로운 전략적 우위를 제공한다.

AI가 산업 환경에 미치는 영향은 실로 놀랍다. 생산성 증대, 비용 절감, 자원 관리의 효율성을 실현하는 데 AI는 이미 전체 산업에서 필수적이다. 특히 제조업 분야에서는 AI 로봇이 복잡한 생산공정에서 인간은 비할 바 없는 정밀함과 속도로 작업을 수행하면서 거의 불량률 제로를 실현하고 있다. 이러한 자동화 시스템은 불확실한 환경에서도 안정적인 재생산 능력을 제공한다. AI 기반의 자동화 솔루션은 이미 70% 이상의 제조업체에 도입되었으며, 2030년이면 모든 업체에 도입될 것이다.

의료 산업은 AI 기술 도입을 통해 그야말로 새로운 지평을 열고 있다. AI는 질환을 조기 진단하고 치료 경로를 개인화하는 데 기존의 방법보다 월등한 성능을 보인다. 가령, AI 알고리즘은 이미지 분석에서 종양을 보다 정확하고 빠르게 식별한다. 이는 의료진이 신속하게 결정을 내리도록 지원한다. AI의 엄청난 예측 분석 능력은 전염병의 확산 추이를 분석하거나 환자의 진료 결과를 향상하는 데 중요한 역할을 한다. AI 기반 시스템은 환자 데이터를 실시간으로 관찰하여 위험을 사전에 감지하여 알린다.

최근에는 AI 기술이 정밀 의학과 맞춤형 치료로도 확장되고 있다. 환자의 유전체 정보와 생활 습관 데이터를 AI로 분석하여 맞춤형 치료 방안을 제공할 수 있다.

특히 이러한 시스템은 환자의 진료 기록을 보고 특정 질환의 조기 발병을 정확하게 예측할 수 있다. 환자의 상태 변화에 따라 치료 계획을 자동으로 조정하고, 최적의 약물 조합을 제안하기까지 한다. 이는 의료진의 업무 부담을 크게 줄이고, 환자에게 더욱 빠르고 적절한 치료를 제공하도록 한다. AI 기술은 의료 현장에서 대량의 데이터 관리와 분석을 더욱 효율화하여 의료 서비스의 질을 더욱 높여가고 있다.

금융 서비스 부문에서도 AI는 절대 필요한 존재가 되었다. AI는 금융 시장에서의 위험 관리에 혁신적인 역할을 하며, 데이터에 기반을 둔 투자 인사이트를 제공한다. 특히 AI 알고리즘은 막대한 양의 금융 데이터를 실시간으로 처리하여, 예측 불가능한 위험을 사전에 감지하여 관리할 수 있도록 한다. 이로 인해 해마다 800억 달러 이상의 손실을 막을 수 있다는 연구 결과도 있다.

금융 위험 관리 분야의 AI 활용은 기업에 여러 가지 이점을 제공한다. 우선 AI 모델은 시장의 복잡한 데이터를 분석하여 빠르게 위험을 평가하고, 시장 변동성에도 신속히 대응할 수 있도록 한다. 과거의 데이터와 현재의 흐름을 조합하여 잠재 위험을 정확히 예측하는 **AI 시스템은 기업의 재정 건전성을 높이고, 불확실한 경제 환경에서도 안정적인 운영을 가능하게 한다.** 또 AI는 규제 준수 모니터링을 자동화함으로써 규칙이 복잡하고 수시로 변화하는 금융 산업에서 규칙 위반의 위험을 사전에 막아준다.

고객 경험 개선에서도 AI는 놀라운 성과를 보인다. 개별 맞춤 금융 서비스를 제공하는 데 필요한 정보를 고객의 요구와 선호도 정확하게 반영하여 제공한다. AI는 거래 패턴, 금융 행동 등을 분석하여 맞춤형 금융 상품을 제안할 수 있다. 이는 고객 충성도를 높이는 동시에, 지속적인 비즈니스 기회를 제공하는 중요한 도구로 작용한다. AI 기반의 추천 시스템은 고객 만족도를 높이고, 기업의 수익을 증대시킨다.

AI는 특정 산업에 국한되지 않고 산업 전반에서 유용한 도구로 쓰인다. 가령, 기업 운영의 다양한 측면을 자동화하고 효율성을 높이는 데 유용하다. 물류 및 공급망 관리에서 AI 솔루션은 재고 예측과 경로 최적화를 통해 비용을 절감하면서도 고객 서비스 향상에 이바지한다. 또 AI는 마케팅 분야에서도 빅데이터를 활용하여 고객의 행동을 분석하고, 더욱 효과적인 광고 캠페인을 설계할 수 있도록 돕는다.

모든 산업 분야가 AI를 통해 혁신적인 변화를 거듭하고 있다. AI 도입은 곧 산업 경쟁력 강화로 이어지며, 더 나아가 지속 가능한 성장을 위한 발판을 제공한다. AI 기술은 기업의 비용 구조와 효율성을 획기적으로 혁신한다.

앞으로는 AI를 활용하여 단순히 비용을 절감하는 차원에서 나아가 새로운 가치를 창출하는 것이 더욱 중요하다. AI가 어떻게 우리의 경제와 산업 그리고 삶을 혁신할지에 대한 깊은 통찰이 필요한 시점이다.

05

교육
혁신 ●————————————————————————

교육은 세상을 바꾸는 데
사용할 수 있는
가장 강력한 무기입니다.
넬슨 만델라

공교육과 사교육 그리고 교육의 본질

"교육은 아이의 머릿속에 씨앗을 심어주는 것이 아니라, 아이가 가진 씨앗들이 자라나게 해주는 것이다."

미국의 작가 칼릴 지브란이 전하는 이 말은 교육 혁신의 본질을 품는다. 지금껏 교육이라고 하면 아이를 어떤 사람으로 만드는 것, 즉 아이의 머릿속에 부모나 교사 또는 사회가 원하는 씨앗을 심어주는 것을 의미했다. 하지만 그것은 교육의 본질도 아니거니와 미래를 위해 바람직한 교육도 아니다. 타고난 소질을 계발하는 것, 하루를 기쁘게 보내고 행복한 삶을 찾는 법을 가르치는 것, 바로 이것이 교육이 아닐까.

그런데 우리 교육 현실은 어떤가?

전국의 수험생을 객관식 수능 시험을 통해 한 줄로 세운 다음 철저하게 서열화한 대학에 등수대로 잘라서 밀어 넣는 단순무식한 방식이 입시의 기본 질서로 작동한다. 이런 무도한 획일성을 공정성으로 포장하여 몰아세우는 교육 환경으로 인해 아이들은 밤잠 못 자며 문제 풀이 기계가 되어가고, 학부모는 현실의 풍족한 삶이나 노후 대비를 포기하고 집안의 재정을 먼지까지 끌어모아 아이들 사교육에 쏟아붓는다. 이런 환경에서 자라 결혼한 젊은 부부는 자신이 체험한 이런 암울한 교육 현실에 지레 짓눌려 출산을 포기한다. 그렇게 우리의 교실이 비어가고 인구는 날로 더 늙어간다.**

이처럼 모든 사태가 사교육이 문제의 핵심이라고 가리키는데도 기존의 교육 혁신 논쟁은 '공교육 정상화'에만 초점이 맞추어졌다. 공교육이 활성화되면 사교육이 줄어들 것이라 기대하는 것은 착각이다.

우리 부모들이 지출하는 사교육비가 한 해 30조 원에 이른다. 교육 관련 정부 예산의 30%가 넘는 엄청난 비용이다. 아이들 과외 시키느라 30조 원의 삶을 포기한 기회비용까지 고려하면 사회적 비용은 아마 수백조 원이라 해도 과언이 아닐 것이다.

이렇게 사교육이 문제의 핵심이라면 이 문제부터 붙들고 해법을 찾아야 하는데, 공교육 제도 개선에만 매몰된 나머지 '혁신'이라는 말만 외쳤지 실제로는 수십 년이 지나도록 제자리걸음이다. 물론 공교육이 활개를 펴고 사교육을 대체한다면 더 바랄 게 없겠지만, 어디를 봐도 그럴 가능성이 보이지 않는다.

그렇다면 사교육의 비생산적 지대와 사회적 비용을 줄일 혁신적인 방법은 뭘까? 경제학자 전주성은 《개혁의 정석》(매일경제신문사, 2024)에서 두 가지 방안을 제시한다.

첫째, 기존의 복잡한 입시제도를 획기적으로 단순화해야 한다.

대입 제도는 그동안 근본적인 혁신 없이 단편적인 대증요법만 쌓이다 보니 입시 요강이 두꺼운 책 한 권을 이루도록 복잡해졌다. 복잡한 제도는 대학들이 입시 장사를 한다는 원성을 살 정도로 입시 비용을 늘린 데다가 이른바 입시 전문가들의 컨설팅 비용을 높여 놓았다. 이래저래 학부모들의 주머니를 탈탈 털어가는 쪽으로 자꾸 입시제도가 가고 있다. 이런 현실을 혁신하여 제도를 단순화하면 투명성이 보장되고 그것만으로도 비효율과 불공정성이 상당 부분 해소될 것이다.

둘째, 공교육의 내용과 평가 방식을 전면 교체해야 한다.

공교육에서 제공하는 서비스를 교체하자는 말이다. 이렇게 하여 사교육이 공교육의 대체재가 아니라 보완재로 기능하도록 돌이켜야 한다. 전도된 주객을 원래 자리로 되돌려 놓아야 한다는 얘기다.

오늘날은 AI가 주도하는 지식혁명의 시대이므로 주입식 지식에 바탕을 둔 문제풀이식 교육으로는 아이들이 지닌 씨앗을 자라게 해주는 교육의 목적을 이루기 어렵다.

물론 앞의 개혁 방안도 일리는 있지만, 이 정도로는 근본적인 혁신이 이뤄지기 어렵다. 기존 입시 시스템을 완전히 바꿔야 한다. 더 간단한 문제해결 방식을 제안한다면, 대입 수능을 전면 폐지하고 모든 선발 방식과 절차를 각 대학 자율에 맡기는 것이다. 그 대신 대학은 전공 이수에 필요한 주요 과목 능력과 인성·리더십·봉사점수 등을 평가하여 전인적 인재를 선발하도록 한다. 그리고 대학에 들어가는 것보다 졸업이 더 어려운 시스템을 만들어 진정으로 학문하는 대학문화를 만들면 된다. 대학 입학은 더 쉽게 하되 웬만큼 공부해서는 졸업이 어렵게 해놓으면, 지금처럼 대학이 취업학원으로 전락하는 불행도 막을 수 있다.

현행 교육 체계와 문제점

공교육은 주체적인 민주시민을 길러내는 데 최고의 지향점을 두지만, 건전한 사회를 구성하고 지속시켜 나가는 데 필요한 구성원을 길러내는 역할도 있다. 하지만 그러기에는 현행 한국 교육은 문제가 많다는 점을 미래학자 앨빈 토플러도 지적한다.

"교육의 본질과는 정반대로 가는 한국 교육은 이해하기 어렵다. 한국 학생들은 하루 15시간 이상을 학교와 학원에서 자신들이 살아갈 미래에 필요하지 않을 지식을 배우기 위해, 그리고 존재하지도 않는 직업을 위해 아까운 시간을 허비한다. 아침 일찍 시작해 밤늦게 끝나는 지금의 한국 교육제도는 산업화 시대의 인력을 만들어내기 위한 것이다."

거의 모든 대입 수험생이 부모와 합작으로 서울대 의대 진학을 지상 최대 목표로 삼아 성적순으로 줄을 서는 우리 교육 현실에서 반론의 여지가 없는 뼈아픈 지적이다.

IMF(국제통화기금) 수석 자문위원을 지낸 경제학자 배리 아이켄그린 박사가 "한국의 교육이 시험을 위한 주입식 교육에서 벗어나 창의력을 키우는 교육으로 이행해야 한다"고 건넨 조언도 이미 익숙한 내용이지만, 한국의 경제와 교육을 깊이 연구한 세계적인 석학의 쓴소리로 듣고 보니 새삼스럽다.

달리기 시합을 보면 선수들을 일직선에 세워두고 하나의 목표 지점을 향해 뛰게 하여 일렬로 등수를 가린다. 1등은 세상을 다 얻은 듯 날뛰며 기뻐하고, 2등과 3등도 입상권에 들었으니 기뻐할 법한데 1등을 못 했다며 분한 눈물을 흘린다. 나머지 등수 외의 다수는 그저 실패자로 취급받는다. 바로 이런 풍경이 우리 교육의 현실이다. 그렇다면 어떻게 해야 이런 비교육적인 교육의 패러다임을 바꿀 수 있을까?

그 많은 아이의 꿈이 모두 같을 리 없다. 백이면 백 모두 저마다 성향도 다르고 목표도 다르고 꿈도 다를 것이다. 또 그래야 정상이다. 그렇다면 아이들을 일직선에 세우면 안 된다. 원을 그려놓고 저마다 원하는 방향으로 달릴 수 있도록 해야 한다. 그러면 아이들을 일렬로 줄 세워 성공자와 실패자로 나누는 일은 막을 수 있다.

아이들이 저마다 원하는 방향으로 뛰어가면 각기 다른 분야에서 모두 최고가 될 수 있다. 그러나 모두가 오로지 한 곳만 바라보고 뛰어가면 1등 외에 나머지는 모두 실패가 되고 만다. 토플러의 지적처럼 이것이 무슨 교육인가.

우리 아이들의 행복지수를 보면 우리 교육의 현실이 그대로 드러난다. 아동과 청소년을 아우른 우리 아이들의 행복지수는 10점 만점에 6.6점으로, OECD 37개국(평균 7.6점) 중 꼴찌다. 우리 학생들의 학업 수준은 세계적으로 최상위권이지만, 학업에 대한 자신감과 흥미는 모두 평균 이하로, 왜 행복하지 못한지를 보여준다.

2021년에 한국청소년정책연구원이 내놓은 〈2020 아동·청소년 인권실태조사〉 결과는 더욱 충격적이다. 지난 1년간 죽고 싶다고 생각해본 적이 있다는 학생이 4명 중 1명꼴(응답자의 27%)이었다. 이유는 학업 부담과 성적 고민이 40.0%로 거의 절반을 차지했다. 미래(진로)에 대한 불안(25.5%), 가족 간의 갈등(16%) 그 뒤를 이었다.

우리 교육이 혁신되지 않고서는 우리 아이들을 불행에서 건져 낼

수가 없다. 행복한 미래, 더 나은 미래를 열어주기 위해 하는 것이 교육인데, 그 교육 때문에 아이들이 불행하다면 모순도 그런 모순이 없다. 교육이든 뭐든 과정이 불행하면 결과도 불행하게 마련이다. 공부는 힘든 과정이지만, 즐거워야 그 힘든 과정을 이겨낼 수 있다. 교육이 최우선으로 해야 할 일이 공부가 재미있도록 해주는 것이다. 그것이 바로 공교육의 사명이고, 존재 이유다.

미래세대 교육 방향과 혁신

세계는 바야흐로 인공지능 기술 전쟁판이다. 그런 가운데 오픈AI에서 개발하여 공개한 생성형 인공지능 챗봇 '챗GPT'에 열광하는 한편 인간의 일자리를 대체할까 봐 우려하는 목소리도 높다. 챗GPT는 2022년 11월 30일에 출시된 이후 다양한 활용 가능성을 보여주며 출시 5일 만에 100만 명, 2주 만에 200만 명의 사용자와 연결되었다. 전례 없이 무서운 파급 속도다. 100만 명의 이용자와 연결되는 데 넷플릭스는 3.5년, 에어비앤비는 2.5년, 페이스북은 10개월이 걸렸다. 구글도 곧이어 AI 챗봇 바드를 출시하여 챗GPT와 경쟁에 들어갔다.

생성형 인공지능은 자연어 처리를 이용하여 자동으로 문서를 작성하고, 이미지나 음악, 비디오 등을 자동으로 생성할 수 있다. 생성형 인공지능은 딥러닝, 강화학습 등의 기술을 사용하여 구현되는데, 이를 위해 많은 데이터와 컴퓨팅 자원을 필요로 한다. 문장을 지어내는 챗GPT 뿐 아니라 그림을 그려주거나 비디오·오디오·3D를 만들어 내는 기술까지 등장하면서 인간의 고유 영역으로 여겨온 창작 분야까지도 소용돌이에 휘말리는 모양새다. 그림에 소질이 없는 사람도 아이디어만 있으면 원하는 그림을 그릴 수 있게 된 현실이 축복일지 재앙일지는 우리 교육의 방향과 혁신에 크게 좌우될 것으로 보인다.

여기서 미래 세대 교육의 방향과 내용을 두고 한 가지 중요한 질문을 만난다.

'미래사회 인재는 어떤 역량을 갖춰야 하는가, 즉 우리는 어떤 교육을 해야 하는가?'

극단적인 기계문명의 사회에서 무엇보다 인간 정신을 보전할 '인성'이 가장 중요하고도 필요한 역량일 것이다. 그리고 미래기술 발전은 대개 융합과 복합에 따라 이루어질 것이므로 '창의적 융·복합 역량'이 필요할 것이다.

앞으로의 교육 혁신은 급변하는 디지털 세상에 창의적으로 대응할 수 있는 역량을 기르는 방향으로 나아가야 할 것이다. 지식 습득을 넘어 소통하고 공감하는 감성 역량, 비판적이고도 주체적인 사고 역량, 변화에 유연하게 대처하는 자기 주도 학습역량 등이 배양이 혁신교육의 내용이 되어야 할 것이다.

더 중요한 것은 성공과 실패에 대한 기성세대와 우리 사회의 인식이 바뀌어야 한다는 것이다. 성장하고 배워가는 아이들을 실패자로 만들어서는 안 된다. 학교에서는 실패 역시 배움의 한 과정이어야 하고, 사회에서는 성공을 위해 필요한 자산이어야 한다.

"Let's make better mistakes tomorrow!"

미국의 트위터 본사에 내걸린 표어로, "내일은 더 나은 실수를 하자!"는 뜻이다. '실패'를 격려함으로써 창의력을 마음껏 발휘하도록 북돋는 것이다. 신입사원을 뽑을 때 '실패를 가장 많이 겪은 지원자'부터 우선 뽑는 기업이 결국 가장 우수한 인재를 확보한다는 조사 결과가 있다. 일단 학교 문을 나서면 실패를 허용하지 않는 우리 사회는 실패를 많이 겪은 젊은이가 설 자리는 거의 없다.

흔히들 미국의 실리콘밸리를 '성공의 산실'이라지만 사실은 '실패의 산실'이다. 수많은 실패가 있어도 그 실패를 탓하기보단 실패를 격려하고 실패에서 문제와 교훈을 찾아 마침내 성공에 이르는 과정을 중시하기 때문이다. 성공은 그 과정을 바탕으로 가능하다는 것을 잘 알기 때문이다.

대학교육의 미래

"2030년이 되면 세계 대학의 절반이 사라질 것이다."

구글이 21세기 최고의 미래학자로 꼽은, 다빈치 연구소의 토머스

프레이 소장이 내놓은 예측이다. 한국에는《미래와의 대화》의 저자로 알려진 프레이 소장은 현재 의정부시에서 건립 중인 '나리벡 미래직업체험관'의 고문을 맡고 있기도 하다.

인공지능 기술의 비약적인 발전으로, 오늘날과 같은 대학 시스템을 고수한다면 대학의 존립 이유가 사라진다는 얘기다. 특히 한국의 대학은 벌이가 더 나은 직업을 얻기 위한 발판으로 인식되어왔고, 그런 목적으로 교육을 받아왔다. 한국의 고등교육 이수율이 그런 사정을 증명한다.

〈OECD 교육지표 2021〉에 따르면 지난해 한국 성인(만25세~64세)의 고등교육 이수율(50.7%)은 OECD 평균(40.3%)보다 10.4%나 높다. 청년층(만 25세~34세)만 따지면 훨씬 더 높아져 70%에 이른다. 물론 OECD 국가 중 단연 1위다. 한국의 뿌리 깊은 '학력 만능주의'를 보여주는 수치다.

미래에는 기존의 학제가 크게 변화할 것이고, 또 변화해야 한다. 현행 대학 학제는 6학기(3년제)나 8학기(4년제)를 이수해야 학위를 취득할 수 있는데, 그것으로는 갈수록 더 빠른 주기로 변화하는 직무역량 교육에 대응하기가 어렵다. 그래서 직업 생활을 하는 중에도 계속해서 배워야 하는 평생교육 체제로 갈 수밖에 없다. 그러자면 4주 또는 8주, 길어도 3~4개월 만에 이수할 수 있는 다양한 커리큘럼이나 학제가 필요하다. 또 그런 초단기 커리큘럼이나 단일 과목 이수 학위의 수요가 더욱 높아질 것이다.

가령, 항공기 정비사로 일하는 사람이 어느 날 전문 드론 조종사가 되고 싶은 꿈이 생겼다. 그러나 현행 학제나 커리큘럼으로는 그 꿈을 이루는 데 필요한 학위나 자격증을 취득하기가 어렵게 되어 있다. 그러므로 초단기에 교육과정을 이수하고 필요한 자격을 갖출 수 있도록 교육 체계를 평생교육 체계로 전환하고 혁신해야 할 것이다.

KDI(한국개발연구원)이 작성한 〈미래를 준비하는 평생학습 지원체계 구축〉 보고서에도 **앞으로 평생교육이 더욱 중요해질 것으로 예측했다. 앞으로 더욱 수요가 늘어날 직무능력 재교육과 평생교육을 분야별로 특화된 전문대학이 담당하게 하는 것도 추진할 만한 방안이다. 미래 변화에도 유연하게 대응하고 대학도 살릴 수 있는 일석이조의 묘안이 될 수도 있다.**

06

국방
혁신 •————————————•

> 나는 양이 이끄는
> 사자들의 군대는 두렵지 않다.
> 나는 사자가 이끄는 양들의 군대가 두렵다.
> 알렉산더

'제2의 하나회' 가 싹트기 좋은 토양

지난 12.3 불법 계엄과 같은 국헌 문란 사태의 재발을 방지하기 위해서라도 국방 혁신이 시급하다는 여론이 높다. 무엇보다 사관학교 출신이 군 조직의 상층부를 장악하는 현행 군 인사 시스템에 대한 혁신이 핵심 혁신 과제로 꼽힌다. 불법 계엄에 군을 쉽게 동원한 이면에 계급이 올라갈수록 사관학교 출신들 간의 학연과 근무 연이 결합하여 이른바 '정치군인' 양성의 토양이 되었다는 지적이다.

김영삼 정부 이후 하나회 척결을 시작으로 군 수뇌부에 비 사관학교 출신 발탁을 늘리는 등의 노력을 기울여 왔지만, (그런 균형이 구조화되지 않는 이상) 윤석열 정부 들어 대통령의 인사권 전횡으로 군이 하루아침에 대통령의 사병집단으로 추락하는 현실을 보게 되었다. 군의 구조적 취약성이 여실히 드러난 것이다. 그런 취약성으로 인해 군 출신 장관이 비공식적 관계를 활용해 군을 동원할 수 있었다.

우리 군의 장교 양성 체계는 사관학교 외에도 학사 장교와 3사관학교 등 여러 갈래로 나뉘지만, 상층부로 올라갈수록 사관학교 중심이 될 수밖에 없다. 초급 장교 임관 시에는 3.7% 수준인 사관학교 출신 비중이 영관급이 되면 약 42%로, 장군으로 올라가면 85%까지 치솟아 거의 독점하는 구조로 변화한다. 공정 경쟁을 해칠뿐더러 제2의 하나회가 생기기 쉬운 구조다.

여기에는 사관학교 생도는 100% 장기복무를 전제로 뽑지만, 비 사관학교는 생도는 장기복무를 전제로 하지 않은 탓에 계급이 높아질수록 진급이 불리해지는 구조에 갇혀 있다. 비 사관학교 생도도 장기복무를 전제로 선발함으로써 우수자원을 유인하고 군 인사에서도 공정한 경쟁을 이루도록 해야 한다.

12.3 계엄사태를 통해 또한 확인한 것은 군의 문민 통제력 상실이다. 물론 내란을 일으키려고 사전 작업으로 수족처럼 부리는 군 출신 경호처장을 국방부 장관으로 올렸겠지만, 군 출신 국방부 장관에다가 국방부 고위 요직을 현역 장교들이 다수 차지하여 무늬만 문민화라는 지적이 끊이지 않았다. 실질적인 문민 통제 논의가 시급하다.

지난 계엄에는 군 내 정보기관과 특수부대까지 동원되었다. 무엇보다 정보사령부와 방첩사령부는 상부의 불법 명령에 함부로 동원되지

않도록 특별한 대책과 대대적인 혁신이 필요하다.

국방의 스마트 혁신

우리 국방은 윤석열 정부에 와서 멈추고 만 혁신의 시계를 다시 돌려 4차 산업 혁명 시대에 선도적으로 부응하는 혁신에도 박차를 가해야 한다. 국방부는 이미 2019년 1월, 장관 직속의 '4차 산업혁명 스마트 국방 혁신 추진단'을 출범시켜 혁신에 들어갔다. 4차 산업혁명 기술적용으로 장병들의 안전과 복지 증진 및 국방자원 관리 효율화를 통한 예산 절감, 초연결 네트워크 구축 및 사이버안보위협 대응체계 마련, 미래 합동작전 개념에 부합한 전력체계의 빠른 수용 등이 주요 내용이다. 국방과학연구소에서는 5G 기술 동향을 연구 중이며 육군사관학교에서는 양자암호와 드론 그리고 가상현실과 증강현실을 활용한 미래형 훈련을 수행할 수 있는 '스마트 육군사관학교'를 구축 중이다.

저출산 시대에 대비한 군 구조 개편도 계속 수행할 필요가 있다. 급격한 인구 절벽에 직면해 있는 데다가 미래 전장 상황의 급속한 변화를 고려하면 기존의 대규모 재래식 전면전을 상정한 군 전력을 계속 유지하는 건 곤란하기도 하거니와 효율적이지도 않기 때문이다. 그러므로 이미 실행에 들어간 병력 규모의 단계적 감축과 군 전력의 무인

화 · 기동화를 가속할 필요가 있다. 국방 획득 체계와 R&D 분야도 핵심 신기술 개발 역량 강화, 민간 역할 확대, 예비전력 강화, 군수체계 개선 등의 혁신 과제를 완수해야 한다.

국방 혁신이라면 병역 제도 혁신을 빼놓을 수 없다. 그동안 병역 제도도 여러 차례 크고 작은 변화를 겪어왔지만, 사회 환경 및 대외 안보환경 그리고 전쟁의 전략 전술 개념이 급변함에 따라 이를 종합적으로 고려한 전면적인 혁신 방안을 구상하여 실행해야 한다.

특히 병역 자원 감소라는 사회 환경 변화에 적절히 대처해야 한다. 인구 감소 추세로 10년이 지나면 현행 병력 규모를 유지할 수 없게 된다. 현재 우리 군의 상비병력은 50만 명(육군 36.5만 명, 해군 7만 명, 공군 6.5만 명)으로, 육군 병력 위주의 대군 체제를 아직 벗어나지 못하고 있다. 국방계획으로는 2027년까지는 상비병력을 50만 명으로 유지할 계획이지만, 인구 감소에 따라 50만 명의 병력 규모와 18개월의 복무기간은 머잖아 유지할 수 없게 될 것이다.

따라서 **어떤 방식으로든 국방 혁신이 필요한 시점이다. 국군의 적정 병력을 합리적으로 결정하고 병력 추가 감축 계획을 세우는 것이 시급하다. 병력 규모는 현실적인 위협 분석과 실현 가능한 군사 전략을 바탕으로 추산되어야 하며, 군 복무기간을 단축해야 한다. 현대전의 특성상 해 · 공군의 비중이 더 높아지고 육군의 비중이 점점 더 낮아지는 점을 참작한다면 육군 상시병력을 대폭 감축하고 예비군제도**

를 활용하여 유사시 빈 곳을 채우면 된다.

정규군 감축에 맞추어 예비군 동원 기간을 줄여 병력을 대폭 축소하는 대신 예비군이 유사시 정규군을 대체할 수 있도록 소집 훈련을 강화하여 정예화할 필요가 있다. 현재 우리나라 동원예비군 규모는 290만 명에 이르고 연간 5,000억여 원의 예산을 쓴다. 연간 고작 2~3일의 가벼운 훈련에 어떻게 그런 막대한 예산이 드는지 의아하겠지만, 예산의 85%가 예비군 지휘관의 급료로 나간다. 그러므로 **장비를 현대화하고 훈련을 강화하여 예비군을 정예 병력으로 유지하려면 동원예비군 운영 규모를 100만 명 안팎으로 줄이고, 예산을 전력 강화에 사용하는 구조로 전환해야 한다.**

시대 변화에 대응하는 병역 혁신

현행 병역 제도는 징병제인데 궁극적으로는 모병제로 전환해야 한다는 데에 이론이 별로 없다. 다만, 남북 분단이라는 안보 지형상 그 시기를 두고 논의가 진행 중이다. 그러므로 지금 당장은 징병제와 모병제를 융합한 복합형 징병 제도를 운용할 필요가 있다.

남녀 모두 고등학교를 졸업하면 신체검사를 거쳐 통과 인원을 대상으로 8주간 군사훈련을 시행한다. 졸업 후 곧바로 응할 수 없는 사람을 고려하여 3년의 유예 기간을 둔다. 훈련을 마치면 남자는 1년간 현역 의무 복무, 여자는 지원자 가운데 필요 자원을 선발한다. 직업 군인은 1년의 기초 복무를 마친 지원자를 우선 선발한다. 의무 군 복무기간을 1년으로 대폭 줄이되 징병제와 모병제의 융합 그리고 예비군제도의 혁신으로 군 전력의 약화를 방지한다. 이 밖에도 다양한 플랫폼으로 군 전력을 양성하고 강화하는 한편 군인의 처우를 획기적으로 개선하여 사기를 높이고, 군인 직업에 자긍심을 갖도록 한다.

예비군제도의 혁신은 미국의 예비군제도가 좋은 참고 사례가 될 수 있다. 미국의 예비군은 한국과는 개념이 좀 다르다. 평소에는 생업에 종사하는 대신 정기적으로 훈련을 받고 자원하거나 군 수요에 따라 현역으로 전환할 수 있다. 그야말로 정예군의 전투력을 유지한 채로 유사시를 대비하는 즉시 전력의 예비 병력이다.

한국도 이런 예비군 체제를 확립한다면 상비군의 규모를 최소한으로 유지하면서도 국방에 필요한 전력을 유지할 수 있다. 그렇게 생긴 여력으로 상비군의 처우를 개선하고 무기체계의 현대화와 첨단화에 좀 더 충실할 수 있을 것이다.

국제정세와 무기체계의 변화 등 국방 환경을 고려하면 예비전력의 역할은 더욱 중요해질 것이다. **유사시 즉각 대응력을 높이기 위해서는 상비군 보강이 가장 좋겠지만, 예산의 제한 등 여러 제약 요소로 인해 모든 전력을 상비할 수는 없다. 그러므로 상비전력과 예비전력을 적정하게 배합하고 전력 연계성을 높이는 것이 중요하다.**

07

조세 · 재정
혁신 •————————

세금은 우리가 문명화된
사회를 위해 지불하는 대가이다.
올리버 웬델 홈즈 주니어

고양이 목에 방울 달기

국가 재정의 위기가 발등의 불로 떨어졌다. 윤석열 정부의 묻지마식 부자 감세와 원칙 없는 재정 운용의 난맥상이 빚은 참사다. 국가 재정과 그에 따르는 조세를 다루는 문제만큼 까다롭고 예민한 문제도 없지만, 윤석열 정부는 이 문제를 전투 명령을 내리듯 단순하게 다루다가 수습 불가능의 수렁으로 빠져들었다.

세금은 내리기는 쉽지만, 한번 내린 세금을 다시 올리는 일은 쥐가 고양이 목에 방울을 다는 일만큼이나 어렵다. 쥐들이 고양이의 위협으로부터 자신들을 지키기 위한 회의를 열었다. 다들 고양이 목에 방울을 다는 것이 가장 좋은 방법이라고 열변을 토하고 또 모두 거기에 동의했다. 이제 누가 나서서 고양이 목에 방울을 달 것이냐고 묻자 하나같이 입을 다물었다. 세금 문제에서 흔히 인용되는 일화다.

오늘날 한국경제는 안팎으로 커다란 도전에 직면해 있다. 저출산 고령화로 인한 생산가능인구의 감소, 투자 증가세의 둔화, 생산성의 저하 등으로 성장잠재력이 떨어지고, 소득과 자산의 양극화는 자원의 효율적 이용과 계층이동의 기회를 제약할뿐더러 내수기반을 침식하여 민생경제가 벼랑으로 내몰렸다. 게다가 '트럼프 리스크'까지 더해져 경기 하방압력이 거세졌다.

여기에는 정부의 잘못된 대응도 크게 원인으로 작용한다. 주기적으로 호황과 불황을 반복하는 시장경제에서 경제주체의 고통을 최소화하려면 정부는 경기에 신축적으로 대응하여 재정을 운용할 필요가 있다. 특히 수출의존도와 민간부채비율이 높은 경제에서는 재정정책의 역할이 중요하다.

오늘날 복합위기에 직면한 상황에서 우리가 지향할 미래의 복지국가는 혁신을 통해 성장 동력을 회복하고, 분배구조의 개선으로 사회발전을 견인하는 '혁신적 포용 국가'이다.

따라서 사회정책과 경제정책의 유기적 연계를 통해 지속 가능한 복지국가를 모색하는 국가발전 전략이 필요하다. 이런 맥락에서 조세·재정정책의 핵심 과제는 경제주체의 생산적 역량을 높이는 활동을 지원하되 양극화와 불평등 문제에도 적극적으로 개입하여 성장과 분배가 선순환하는 경제구조를 구축하는 것이다.

예산 확보에 달린 정책의 성패

우리가 지향하는 이런 사회로 나아가려면 재정과 조세정책에서 반드시 국민의 동의가 필요하다. 그러려면 정책 당국의 세금에 대한 인식의 변화부터 전제되어야 한다.

세금은 정부의 일방적 권한이 아니라 납세자 주권을 바탕으로 하는 국가와 시민 간의 사회계약임을 잊지 말아야 한다. 복지 재원이 필요하다고 행정 편의적으로 증세를 하면 저항에 부딪히게 마련이고, 원칙 없이 복잡하기만 한 조세 제도를 그대로 둔 채 증세만 고집하면 비효율과 불공평을 키우는 셈이다.

우리나라 세수 구조를 보면 선진국보다 소득세가 차지하는 비중이 작고, 세금 대부분은 소비세나 거래세 등 간접세에서 나온다. 그러므로 소득세를 내지 않은 30~40%의 저소득층이 조세 부담을 지지 않는다는 비판은 빗나간 화살이다.

사실 세금과 복지 문제의 절반은 행정을 넘어선 정치 영역이다. '큰 정부와 복지 확대'라는 전 세계적 흐름 속에서 재정을 탄탄하게 지키려면 부자에게 더 많은 세금을 걷어야 하고, 불평등과 기후위기 등 범지구적 문제에 대응하려면 정부는 점점 더 많은 돈을 써야 한다. 결국, 어떻게 더 걷어서 어디에 더 쓸 것인가, 하는 첨예한 갈등을 관리하면서 혁신을 통해 재정위기를 타개해야 책무가 새 정부에 지워졌다.

누가 뭐라 해도 정책의 성패는 예산 확보에 달렸다. 예산으로 뒷받침되지 않는 정책은 정치적 수사에 불과하다. 대내외 경제여건의 변화에 탄력적으로 대응하고, 구조개혁을 적극적으로 추진하기 위해서는 혁신 과제가 예산편성에 제대로 반영되는 재정 운용체계를 구축해야 한다.

세금을 걷는 문제, 특히 조세의 형평성과 공정성을 실현하거나 세금을 올리는 문제는 납세자를 설득하는 과정이 꼭 필요하다. 누구도 세금이 오르는 걸 좋아할 리 없지만, 그보다 더 기분 나쁜 건 납세자로서 무시당하는 일이다. 그거야 납세자, 즉 국민이 주인인 민주공화국에서 당연한 것 아닌가.

이에 관해서는 우리 역사에서 좋은 본보기가 있다. 임금의 명령이 곧 법이던 조선 시대 세종조의 일이다. 세종은 백성의 삶을 안정시키기 위해 조세 제도 하나를 바꾸느라 널리 의견을 구하고 설계하고 설득하고 논의하고 개선하는 데 꼬박 10년을 숙고하고 인내하여 마침내 성공했다.

18년 걸린 세종의 조세 혁신

조선 초기의 조세 제도는 '손실답험법'이 기초였다. 추수가 끝난후 지역별로 수확량을 조사해 세액을 탄력적으로 결정하는 제도다. 수확이 좋은 논에 대해서는 세액을 늘리고, 그 반대의 경우에는 세액을 감해주는 제도로, 원칙대로만 하면 백성들로서는 마다할 바가 아니었다. 하지만 문제는 손실을 답험(현장을 답사해서 수확량을 추계, 확정)하는 관리들의 농간으로 백성들의 피해가 극심하다는 점이다. 세종은 이런 폐단을 없애기 위해 공법을 도입하기로 마음먹는다.

공법은 미리 정해놓은 일정한 세율에 따라 징세하는 제도로, 관리들의 횡포를 줄여 조세의 공정을 꾀하고 세수를 늘리는 장점이 있었다. 공법 도입 과정에서 눈여겨볼 대목은, 돌다리도 두들겨 보고 건너는 태도로 신중하고 또 신중했다는 점이다. 세종은 새로운 제도의 도입에 따른 부작용을 면밀하게 검토했으며, 그런 부작용을 최소화하기 위해 전국 백성을 상대로 여론조사까지 벌였다. 공법 도입을 위한 사전 정지 작업의 하나로 조세 개혁을 과거시험의 책문으로 제시하기도 했다. 젊은 선비들에게 참신한 아이디어를 구하려는 조치다.

그런데 그 공법도 주나라에서 실시한 사례에서 알 수 있듯이 부작용이 만만치 않았다. 그 부작용을 최소화하면서 조세를 혁신하기 위해 널리 지혜를 구한 것이다.

세종은 17만여 명의 백성을 상대로 대규모 여론조사를 벌여 공법 도입에 따른 찬반 의견을 구했다. 그리고 이를 바탕으로 일종의 태스크포스팀인 상정소를 설치하여 세목과 세율을 정하도록 했다. 공법 논의를 시작한 이후 9년 만에 제도 도입을 위한 공식기구가 설치된 것이다. 이후에도 공법에 대한 갑론을박이 이어졌다. 하지만 세종은 한번 원칙을 정한 후에는 공법 도입 자체를 유보하자는 주장은 받아들이지 않고, 타당한 의견은 받아들여 보완해 나갔다. 지역별로 농지와 농사 사정을 고려한 예외와 차등을 두어 형평성과 공정성을 높였다. 10년을 공들인 공법이 마침내 법률로 반포되어 시행되었다.

그런데도 부작용이 따르자 세종은 전면 시행을 유보하고, 우선 일부 도에서 시범 시행하게 하여 허점을 보완한 후에야 전국으로 확대 시행하도록 했다. 하지만 재해가 심해 그마저도 여의치 않게 되자 또 시행 자체를 재검토하기에 이른다. 결국, 공법은 토질이 비옥한 영호남에서 우선 시범 시행하기로 결론이 났다. 이런 기나긴 과정과 우여곡절을 거쳐 혁신안을 상정한 지 18년 만에 공법은 조선의 조세 제도로 확고하게 자리를 잡았다. 이후 수백 년간 공법은 민생을 살피고 조선의 국가 재정을 지탱하는 토대가 되었다.

구멍난 세수, 사라진 정부

사실 세종이 18년이나 공을 들여 끝내 정착시킨 공법은 백성들의 억울한 세 부담을 방지하고, 세력가나 부자들이 자기 몫의 세 부담을 지도록 하는 방안이었다. 그야말로 조세 정의를 세우기 위해 띄운 각고의 승부수였다.

그렇다면 오늘날 한국은 조세 정의가 세워졌는가? 현실을 들여다보면 세종의 공법이 절실해 보인다.

2024년 근로소득세 수입이 61조 원을 돌파하고, 법인세는 경기 침체와 감세 정책의 영향으로 2년 연속 급감해 62조 5,000억 원까지 추락했다. 국가 세수에서 근로소득세 비중이 역대 최고치를 기록했는데, 기업이 부담하는 법인세 비중은 2005년 이후 최저 수준으로 내려앉았다. 10년간 근로소득세는 2.4배 증가한 데 비해 법인세는 같은 기간 1.5배 증가하는 데 그쳤다. 게다가 법인세 비중은 2005년 이후 20%대를 유지하다가 지난해 18.6%로 떨어지며 최저 수준을 기록했다.

이런 추세라면 곧 근로소득세가 법인세를 넘어서는 '소득세 역전'이 될 것이다. 한마디로, 기업 감세로 줄어든 세수의 빈자리를 월급쟁이들이 메우는 셈이다. **기업의 감세 혜택은 늘고, 근로소득세 부담만 커지는 조세 구조가 형평성을 잃고 있다는 경고의 목소리가 높다. 그 어느 때보다 조세와 재정 혁신의 필요성이 절실하다.**

08

환경 · 에너지 · 기후변화 대응 혁신 •

환경은 우리의 문화와
정체성을 형성한다.
나오미 클라인

에너지 문제는 환경과 기후변화의 문제

21세기는 환경과 에너지 그리고 기후위기의 시대이다. 지금 모든 나라들은 지속가능한 발전 시스템을 어떻게 구축할 것인가에 골몰하고 있다. 1987년 유엔이 제출한 〈브룬트란트 보고서〉에서 "지속 가능한 발전은 현재의 필요를 충족시키면서 다음 세대의 필요를 해치지 않는 발전" 이라고 규정하였다. 이어서 1992년에는 유엔환경개발정상회의서 '기후변화협약' 이라는 국제협약이 체결됨으로써 환경과 에너지와 기후변화에 대한 대책이 더욱 절박하고 복잡한 양상을 띠기 시작했다. 그리고 **오늘날에는 국경을 초월한 지구적 차원의 생태계 파괴 및 에너지와 기후위기가 더욱 심화되면서, 기후변화 대응책은 모든 국가의 최우선 국정 과제 중 하나로 부상하였다.**

화석연료에 기반한 산업혁명은 지구온난화 가스를 대규모로 배출하기 시작했고, 21세기 들어 결국 급격한 지구온난화와 그로 인한 예측 불가한 지구적 차원의 기후변화와 생태계 파괴를 몰고 왔다. 그 중심에는 바로 에너지 문제가 자리 잡고 있다. 즉 21세기 환경문제는 에너지 문제이며, 에너지 문제는 바로 기후변화의 문제이다. 환경과 에너지 그리고 기후변화는 불가분의 관계, 즉 하나로 연결된 문제이다.

스티븐 호킹 박사는 인류를 위협하는 가장 큰 네 가지 문제로 핵전쟁, 지구온난화와 기후변화, 바이러스와 팬데믹, 인공지능형 로봇이라고 예언했는데, 통제가 가장 힘든 것은 바로 지구온난화와 기후변화이며, 이로 인해 걷잡을 수 없이 파생되는 바이러스와 질병 팬데믹 문제라고 보았다. 이미 우리는 그런 위기의 블랙홀 한 가운데 도달하였고, 많은 전문가들은 하루 24시간 중 임계점은 5분밖에 남지 않았다고 주장한다.

이처럼 복합한 21세기 환경문제는 세계 모든 나라들이 당장 해결하지 않으면 안 될 시급하고 절박한 지구적 차원의 정치적 어젠다로 부상한지 오래이다. 그 단적인 사례로 2026년부터 EU는 역내로 수입되는 상품에 대해 기후변화를 야기하는 온실가스에 대한 이른바 '탄소 국경세'를 시행하겠다고 발표하였다. 이것은 환경과 기후변화 대응책은 선택의 문제가 아니라, 한 국가와 기업의 경제적 생존 문제로 귀결되고 있다는 것을 의미한다.

선진국들은 오래전부터 기후변화 대응책으로 화석연료 의존에서 벗어나기 위한 기술개발에 국력을 집중해왔다. 즉 지구 온실가스를 최대한 감축하기 위한 신재생 에너지 기술에 전국가적·전사적 역량을 집중하고 있다. 지금 국가든 기업이든 글로벌 에너지 전환의 핵심인 재생에너지 기술개발, 에너지 저장기술 개발, 스마트그리드 기술개발 등에 집중적으로 투자하고 있다.

재생에너지 확산 기류에 따라 세계적으로 태양광과 풍력 발전이 급증하고 있다. IEA(국제에너지기구)에 따르면, 태양광 발전 비용은 지난 10년 동안 80%나 떨어져, 이러한 재생에너지원이 지구온실가스를 배출하지 않는 가장 비용효과적인 전력원으로 거듭나고 있는 것이다.

우리나라의 실정은 어떤가? 2020년 기준, 주요 국가별 전력 중 재생에너지 비율은 독일 45.3%, 중국 28.2%, 일본 21.6%, 프랑스 24.8%, 미국 20.4% 인데, 대한민국은 6.4%에 불과한 실정이다. 그런데도 윤석열 정부는 유엔이 인정하지 않은 원전을 기후변화대응책이라고 주장하면서, 원전 지상주의에 빠져 문재인 정부에서 이룩한 재생에너지 기술 기반마저 파괴해왔다. 실로 주요 선진국들과 반대 방향으로 퇴행한 것이다.

우리는 이제 싫어도 지속 가능한 에너지인 태양광, 풍력, 지열, 소수

력, 조력, 파력, 수소 에너지, 매립장 가스(LFG) 발전을 위한 지속적인 기술개발에 집중적으로 투자해야 한다.

　태양광 에너지는 인류가 가장 오래 사용해온 재생에너지이다. 태양열로 물을 데워 난방에 이용한 데 이어, 지금은 집열판이나 태양전지를 통해 태양 에너지를 직접 전기에너지로 전환하여 사용하기에 이른 것이다. 태양 에너지는 어디서나 얻을 수 있고, 생산단가가 갈수록 낮아지고 있다는 장점이 있다.

　풍력 발전은 태양열 발전과 마찬가지로 유지 보수가 쉽고 생산비용이 저렴하고 친환경적이다. 다만, 안정적인 에너지원으로 안착하려면 에너지 저장기술 개발 등 부수적인 기술개발이 더욱 이뤄져야 한다.

　지열 에너지는 대개 화산 활동 지역에서 발전 자원을 취한다. 온천, 간헐천, 끓는 진흙탕, 열수의 분출 구멍 등은 쉽게 개발할 수 있는 지열 자원이다. 고대 로마인들은 온천을 온수욕과 가정 난방에 이용했다. 지열 에너지의 가장 큰 잠재력은 180℃ 안팎의 열수와 증기를 전기 발전에 이용하는 것이다.

　수력 에너지는 20세기 최고의 재생에너지로 꼽히는데, 협곡이나 강을 댐으로 막아 발전하는 방식을 흔히 수력 발전이라고 한다. 조력 발전도 일종의 조수간만의 차를 이용한 수력을 이용한다. 이미 우리나라는 시화호의 소수간만의 차를 이용하여 세계 최대의 약24만 킬

로와트 규모의 조력발전소가 가동 중에 있다.

파력 에너지는 조력 에너지보다 에너지 밀도는 낮지만, 태양열 에너지처럼 설치 영역이 넓고 발전기 가동 시간이 길어서 수급이 안정적이라는 장점이 있다. 세계에너지협회 자료에 따르면 파력 발전으로 생산할 수 있는 에너지는 전 세계 전기 생산량의 2배에 해당한다. 앞으로 이 분야의 기술개발이 주목 받은 이유이다. 파력 발전 기술개발은 일반 기업보다는 국가가 주도하는 것이 바람직하다. 그것은 많은 돈과 시간이 투자되어야 하는 문제를 갖고 있기 때문이다.

수소는 지금보다 에너지 효율을 좀 더 높여야 하는 기술적 문제가 남았지만, 온실가스 배출이 거의 없는 청정 에너지원이다. 수소는 물로 분해하여 만들 수 있는데, 이 과정에서 많은 에너지가 필요하다. 수소 에너지는 물을 분해하는 에너지원의 개발과 수소를 저장하고 수송하는 기술도 동시에 개발해야 한다.

세계 많은 나라들에는 음식물이 들어가는 쓰레기매립장이 많은데, 이런 매립장에서는 많은 양의 메탄가스가 발생한다. 메탄가스는 이산화탄소에 비해 25배 이상의 온난화 기여 가스이다. 따라서 쓰레기매립장가스(LFG)를 이용한 발전과 메탄가스를 분해하여 수소연료를 생산하는 사업에 대한 국가적 차원의 지원도 절실하다. 후진국에는 이런 매립장이 많이 있으며, 국가는 이를 선점하기 위한 지원을 아끼지 말아야 한다.

에너지 기술과 정책의 변화

에너지저장기술(ESS)은 재생에너지의 간헐적 특성을 보완하는 핵심 기술이다. 한국은 현재 약 10기가와트(GWh)의 에너지저장시스템(ESS)를 운용하고 있다. 세계 주요 선진국들도 ESS 개발에 적극적인 가운데, 미국의 캘리포니아주는 2030년까지 ESS 설치 용량을 45GW로 확대할 계획이다.

스마트그리드는 에너지 시스템의 핵심 기술로 주목받고 있다. 스마트그리드는 기존 전력망에 정보통신기술을 융합하여 전력 생산, 전달, 소비를 효율적으로 관리하는 지능형 전력망 시스템이다. 이 기술의 핵심은 전력회사와 소비자가 실시간으로 정보를 주고받는다는 것이다. 소비자는 전기요금이 싼 시간대를 자동으로 파악하여 전기를 쓸 수 있고, 공급자는 전력 사용 현황을 실시간으로 파악할 수 있어서 공급량을 탄력적으로 조절할 수 있다. 전력 사용량에 맞춰서 전기를 생산·공급함으로써 낭비되는 에너지를 최소화한다.

주요 선진국이 이미 스마트그리드 기술을 도입해 전력망의 효율성을 높이는 사업에 심혈을 기울이고 있다. 전력 에너지원의 90%를 수입에 의존하는 한국으로서는 2030년까지 스마트그리드 전국망을 구축하겠다는 계획을 갖고 있는데, 이를 더욱 앞당겨 완수할 필요가 있다.

이제 국제 에너지 시장이 기술과 정책의 혁명적 변화에 따라 재편되는 가운데, 우리나라는 신재생에너지 분야를 통한 새로운 경제적 기회 창출에 집중할 필요가 있다. 즉 돈도 벌고 에너지 개발과 절약도 최적화하고, 이를 통해 지구온난화 대책은 물론 탄소국경세 대책도 수립해나가야 한다. 따라서 신재생에너지 기술 개발 투자는 물론 국가 에너지 정책의 혁신을 통해 신재생에너지 보급과 기후변화 대응 선도국가로 거듭나야 할 것이다.

생존이 걸린 에너지 기술 전쟁

지구온난화로 인한 기후변화로 세계 곳곳에서 일어나는 가공할 대재난은 갈수록 빈도가 늘어나고 예측 불가하여 심각한 인명과 재산 손실을 야기하고 있다.

또한 기후변화는 바이러스와 슈퍼박테리아의 확산을 불러오고 있으며, 이로 인한 팬데믹은 인류를 공포의 소용돌이로 몰아넣고 있다. 지난 수년간 수 백만명이 사망한 코로나 팬데믹 사태에서 경험했듯이, 앞으로 인류는 지구적 차원의 회복 불가능한 팬데믹으로 인류의 존립 자체마저 위협받을 수 있다.

빈번해진 바이러스 감염으로 혹독한 팬데믹의 원인 가운데 주요한 이유가 지구온난화와 기후변화에 기인하고 있다는 인식이 보편화되고 있다. 따라서 세계 각국은 더욱 적극적으로 기후변화에 대응하고자 재생에너지산업 육성과 녹색 일자리 창출을 위한 그린뉴딜 추진에 국가적 역량을 집중하고 있다.

유럽연합을 비롯한 선전국은 물론 우리나라도 2050년 탄소 중립 목표를 달성하기 위해 각종 법과 제도를 재정비하기 시작했다. 특히 유럽연합은 2026년부터 역내로 수입되는 제품에 대해 탄소국경세를 부과하겠다고 선언했다. 따라서 우리나라는 탄소배출이 많은 자동차와 철강 수출에 막대한 비용을 지불하지 않을 수 없는 처지에 놓이게 됐다. 하지만 이에 대한 정부의 준비는 너무나 느리고 부족하다. 오히려 환경정책의 퇴행으로 인해 기업들은 혼란에 빠지고 경제적으로도 심각한 타격을 입은 업종들로 생겨났다. 예컨대 1회용품 빨래 금지를 시행 한 달 전에 전면 백지화하여, 그간 막대한 투자를 해온 기업들은 졸지에 도산하는 위기에 내몰리기도 했다.

6월 3일 조기 대선으로 들어설 새정부는 이런 절박성과 문제점을 직시하여 일관성을 갖고 속도감 있게 탄소배출권 확보사업과 혁신적인 환경정책을 추진해야 할 것이다. 그 길만이 수출로 먹고 사는 대한민국이 살길임을 명심해야 한다.

선진국의 글로벌 선도기업들은 지구온난화와 기후변화 대응책으로 재생에너지 확대를 위해 'RE100' 기치를 높이 들고 실천에 박차를 가하기 시작했다. 2014년 '뉴욕 기후 주간'에 발족한 'RE100'은 2050년까지 소요 전력량의 100%를 재생에너지로 충당하겠다는 기업들의 자발적 캠페인이다. 애플, 구글, 마이크로소프트, 비엠더블유(BMW), 이베이, 스타벅스, 코카콜라를 비롯한 250여 개의 글로벌 기업들이 참여하고 있어, 우리 기업에도 막대한 영향을 미칠 전망이다.

애플의 모든 매장과 법인 사무실은 이미 2018년부터 재생에너지 사용 100%를 달성한 가운데 GM과 더불어 자사는 물론 협력업체까지도 RE100의 이행을 요구하기 시작했다. MS, 구글, 페이스북 등도 데이터센터와 사무실 등 자사 시설물에 사용되는 모든 전력을 이미 재생에너지로 100% 충당하고 있는 가운데, RE100은 이미 국제 무역장벽으로 작용하기 시작했다.

최근 AI 수요의 폭발적 증가로 전력 소비량이 급증한 애플과 마이크로소프트 등 글로벌 기업들은 전력사용에 재생에너지 사용 100%를 뜻하는 RE100에 일찍이 가입하여 재생에너지 개발에 수십억 달러씩 투자하고 있다. 또한 독일에서는 AI산업에 재생에너지를 의무적으로 도입하도록 해 2024년부터 데이터센터 운영자가 사용하는 전력의

50%를, 2027년부터는 100%를 재생에너지로 충당하도록 하였다.

우리나라 기업들의 실상은 어떤가. 한국에서는 삼성전자와 SK하이닉스는 AI칩 제조기업인 엔비디아와 AMD에 HBM을 납품한다. 그런데 우리의 글로벌 기업인 삼성전자와 SK하이닉스는 여전히 대부분의 전력을 화석연료에 의존하고 있다.

선진국 글로벌 기업들은 재생에너지로 전력을 100% 전환하고 있는데, 이들 두 기업들은 온실가스를 배출하는 화석연료인 액화천연가스(LNG)발전소 건설로 부족한 전력을 충당하려는 계획을 추진하고 있는 실정이다. 한마디로 지구온난화와 기후변화 대책이라는 거대한 세계적 흐름에 역행하는 정책이 아닐 수 없다. 새로 들어설 정부는 이런 역행을 바로 잡고 RE100정책을 지속적으로 추진해야 한다. 그 길만이 기후변화를 줄이고 글로벌 기업들과 유기적인 협력과 공영의 길을 같이 갈 수 있다.

어디 이뿐인가. 지구온난화와 기후변화 대응은 화석연료 고갈의 시기를 늦출 수 있을 뿐만 아니라, 새로운 일자리 창출에도 큰 기여를 할 수 있다. 지구온난화를 막고 국가 경제를 살리는 에너지 전환은 신기술 개발로 인한 새로운 일자리 창출에 크게 기여하고 있다. 우리나라가 2050년까지 재생에너지 발전 비중을 60% 이상으로 확대하면 50만여 개의 새로운 일자리가 창출될 수 있다는 전문가의 주장에 귀기울여야 한다.

RE100으로 글로벌 경제 선도

온실가스 감축 의무 이행과 에너지 전환 정책에서 핵심이 되는 재생에너지 발전을 확대하는 것은 기업의 생존전략과도 직결된다는 사실에 주목해야 한다. 더구나 우리나라는 반도체, IT, 자동차, 화학, 조선, 기계, 철강 등 에너지 집약 산업 비중이 높기 때문에 탄소국경세 부과가 일반화 되어거는 세계적 추세를 직시하여 재생에너지 기술 개발 및 보급은 물론 탄소 배출권 확보를 통한 우회 전략도 동시에 추진해야 한다. 그만큼 우리나라는 갈 길이 멀고 절박한 시점에 직면해 있는 것이다.

그럼에도 불구하고 윤석열 정부는 지난 3년간 유엔 차원에서 재생에너지로 인정하지 않은 원전에 올인하는 정책을 추진하고, 동시에 재생에너지 기업들의 의욕마저 꺾어버리는 어리석음을 감행해왔다. 이제 에너지 분야에 대한 비용 효과적이고 환경친화적인 에너지 믹스 정책을 세우고, 글로벌 추세에 속도를 맞추기 위한 노력을 배가해야 한다. 그렇지 않으면 우리는 에너지 후진국으로 전락하고, 연관산업에 대한 국제적 압력을 받고 기후악당 국가로 전락하여 심각한 고립을 자초하고 말 것이다. 21세기 에너지 분야 기업생태계 파괴를 멈추고 새로운 에너지 혁명을 향한 정책전환이 시급한 이유가 바로 여기에 있는 것이다.

한편, 백악관으로 4년 만에 돌아온 트럼프 미국 대통령은 지난 1월 20일 취임하자마자, 기후변화는 사기라고 하면서 제1호 행정 명령으로 파리기후협약을 탈퇴했다. 트럼프 1기 행정부에서 폐지되거나 후퇴한 환경보호 조치만도 200여 건에 이른다. 하지만 미국의 글로벌 기업들은 이런 트럼프의 반환경정책과는 반대로 오히려 환경보호와 기후변화 대응을 명분으로 여타 글로벌 기업들을 압박하는 방향으로 나아가고 있다. 즉, RE100을 무기로 새로운 무역 장벽을 만들어나가고 있는 것이다.

트럼프가 그런다고 우리가 그를 따라갈 수 없는 이유가 바로 여기에 있는 것이다. 특히 미국을 제외한 선진국들의 정책은 지구온난화와 기후변화 대응책의 일환으로 에너지 전환에 국운을 걸고 강력히 추진하고 있다. 심지어 중국도 재생에너지와 탄소 감축에 막대한 투자를 하고 있는 실정이다. 지난 3년간 퇴행한 환경과 에너지 그리고 기후변화 정책을 깊이 성찰하고, 새 정부는 트럼프 임기 완료 후까지 대비한 일관된 환경 에너지 기후변화 대응 정책을 수립하고, 이를 변함없이 밀고 나가야 한다.

그 길만이 환경 장벽이 강화되는 가운데 RE100을 천명한 글로벌 기업들과의 협력과 공영의 시스템을 갖출 수 있는 것이다. 앞으로 정부는 모든 가능한 정책 수단을 동원하여 국내외에서 'RE100시대'를 선도적으로 이끌고 갈 수 있는 능력을 배양해야 한다. 왜냐하면, 우리 후손들이 지속 가능한 경제발전 속에서 안전하고 행복하게 살아나갈 수 있는 백년대계의 길이기 때문이다.

에너지 문제는 경제와 기후 문제

에너지 문제는 경제와 기후 문제 현대 문명은 에너지 문제 해결 없이는 존립 자체마저 위태로울 수 있다. 에너지 문제는 바로 극한으로 치닫고 있는 기후변화 문제이기 때문이다. 따라서 범정부적 차원에선 통합대응 시스템을 구축하고 세계 모든 나라들과 협력 체제를 구축해 나가야 한다. 그렇지 않으면 머지않아 인류가 감당할 수 없는 대재앙에 직면할 것이다.

〈유엔 미래보고서 2040〉은 2030년이면 화석연료 수요가 정점을 찍고, 내리막길로 들어설 것으로 내다봤다. 이는 화석연료 채굴 비용이 갈수록 비싸지기 때문이기도 하지만, 기후변화에 대비하여 탄소 배출을 감축하려는 국제사회의 협정과 노력이 더욱 강화되고, 특히 환경과 기후변화가 더욱 강력한 무역장벽으로 다가오기 때문이다.

이에 따라 세계 각국 정부와 기업들은 신재생에너지 개발에 사활을 걸고 나섰다. 세계적 대기업들이 에너지 전환에 앞장서서 'RE 100'을 결성하고 실행에 들어갔다. 스탠퍼드대학교 신재생에너지 연구팀은 스티커 형태의 태양광 에너지 집적장치를 만들어 건물 유리창이나 벽 또는 나무, 바위 등 다양한 곳에 붙일 수 있도록 했다. 그런가 하면 지구 궤도에 태양광 발전 위성을 쏘아 올려 태양 에너지를 지구로 가져오는 기술개발에 착수했다.

태양광 외에도 늪지대의 미생물에서 에너지를 얻는 생체연료전지 개발에 들어갔다. 풍부한 바람을 이용하는 풍력 터빈, 조류와 파도의 힘을 이용하는 조력 발전과 같은 대체에너지 개발과 이용이 전 세계적으로 상당한 진척을 이루고 있다.

화석연료 기업들은 강력한 로비를 통해 신재생에너지 확산을 방해해 왔지만, 지금 세계적인 대세를 거스를 수는 없다. 기후변화 시계가 촉박해지면서 신재생에너지 개발이 더욱 속도를 내고 있다. 이런 노력 덕분에 가까운 미래에는 신재생에너지가 생산비용에서도 가장 안전하고 큰 경쟁력을 갖게 될 것으로 예측된다. 이미 원전 생산비용보다 더 저렴한 재생에너지 생산이 가능해지고 있다. 원전 폐기물의 처리와 사회적 비용까지 고려하면 재생에너지는 지금도 비용 효과적인 에너지로 확인되고 있는 곳이 늘어나고 있다. 중동이나 아프리카 사막에서의 태양광 발전은 국내의 십분일의 비용으로 전력을 생산,

이런 저렴한 전력을 이용, 물(H₂O)을 분해하여 수소(H) 에너지를 상용화하기 시작했다.

신재생에너지는 기후변화에 대응한 산물이므로 기후에너지로 불린다. 따라서 신재생에너지를 비롯한 기후에너지 산업은 앞으로 경제발전과 기후변화 대응력으로서 엄청난 잠재력을 갖게 되었다. 향후 10년 후에는 세계 인구의 절반이 기후에너지 산업에서 일자리를 얻을 것이라는 전망도 있다. 그만큼 신재생에너지는 모든 산업의 지속가능한 발전의 핵심 화두이자, 범정부적으로 풀어내지 않으면 안 될 경제와 기후변화의 혁신적 대응책이기 때문이다.

정치위기가 부른 기후 위기

앞에서 역설했듯이, 더욱 극심해지고 있는 기후변화는 21세기 인류에게 가장 큰 위기이자 기회이다. 우리는 이미 그 원인을 정확히 파악하고, 유엔 차원에서 긴밀하게 협력하고 때론 경쟁하고 있다. 비록 트럼프처럼 일시적인 퇴행을 일삼는 정치세력이 현실과 미래를 호도하고 있기는 하지만 말이다. 한 나라를 넘어 지구적 차원의 극심한 기후변화는 앞으로 국가안보는 물론 지구안보 차원으로 부상한 어젠더이다. 일단 그 핵심적 대응은 화석연료 사용을 줄이고 지속 가능한 신재생에너지 개발과 에너지 효율 및 에너지 저장기술 등 에너지 믹스 정책을 수립하여, 이를 지속적으로 추진하는 것이다. 정치가 이 일을 하지 않고, 지금처럼 민간에 의존하면 절대로 성공할 수 없다.

2016년 '다보스 포럼'은 인류의 최대 위험요소로 5가지를 꼽았다. 그중 3가지가 지구환경에 관한 것으로 기상이변, 기후변화 적응 실패, 자연재해이다. 나머지 2가지는 비자발적 이주와 지역분쟁인데, 이것들 역시 지구환경, 즉 기후변화와 무관하지 않다. 이처럼 기후변화는 이제 전 세계인의 생활을 지배하는 주요한 요인으로 자리 잡고 있는 것이다.

2016년 4월 21일 지구의 날, 제21차 '유엔 기후변화협약 당사국총회에서 190여 개국이 프랑스 파리에 모여 '파리기후변화협약'에 서명했고, 이듬해 133개국이 비준하고 비준국 배출량의 합이 전체 배출량의 80%를 넘김으로써 협정이 발효되었다. 이로써 1997년 제3차 당사국총회에서 채택된 '교토 의정서' 이후 약 20년 만에 새로운 기후변화 대응체제가 출범했다. 그런데 문제는 파리기후변화협정에 따른 목표 감축량을 100% 달성하더라도, 지구 온도 상승 억제선 목표로 삼은 1.5°C는커녕 2.0°C 이내로 억제하는 것이 어렵다는 전문가 진단이 나오고 있다.

파리기후변화협정이 발효되자 세계 언론들은 '화석연료 시대의 종언'이라며 기후변화 문제를 낙관했지만, 그로부터 약 10년이 지난 현재도 전 세계 화석연료 비중이 전체 에너지 사용량의 80%에 이르고 있다. 주요 선진국들마저 우크라이나 전쟁 이후 화석연료 회귀 조짐을 보여 우려가 커지고 있는 가운데, 트럼프 2기 시대를 맞아 지금 미국은 기후 악당을 자처하고 나섬으로써, 기후위기는 또 다른 심각한 국면을 맞고 있다.

분명 지금 도래하고 있는 정치의 위기가 기후위기를 더욱 심각한 국면으로 몰아갈 것이 분명하다. 특히 세계 곳곳에서 발호하고 있는 극우 파시즘과 국가주의 및 전체주의 정치는 자국은 물론 지구적 차원의 환경과 에너지 그리고 기후위기를 더욱 악화시키고 있다. 이런 정치의 퇴행과 극우화가 가져올 지구 기후위기가 앞으로 어떻게 나타날지 지금 세계의 공적 양심세력들은 불안한 눈으로 세계 정치권을 지켜보고 있다.

문명사적 패러다임 대전환

안토니우 구테흐스 유엔 사무총장이 최근에 역설한 바와 같이, 21세기 지구는 이제 온난화(warming)의 수준을 넘어 가열화(heating)되고 있다. 이것은 지구온난화가 더욱 가속화되고, 그로 인한 기후변화가 더욱 극한 상황으로 치닫고 있다는 의미이다. 세계 각국이 현재와 같은 발전방식을 답습한다면, 2100년이 되기 전에 지구의 온도가 3.7°

C까지 상승할 것으로 예측된다. 과학자들은 21세기 말까지 지구의 온도가 2°C 이상 상승하면, 지구적 규모의 생태계 파괴와 질병의 창궐 등으로 돌이킬 수 없는 대재앙을 맞을 것이라고 경고한다. 그 경고가 현실로 다가오기 전에 세계 모든 나라는 정치·경제·사회·문화 등 모든 분야서 일대 문명사적 패러다임의 대전환을 이룩해야만 한다. 그렇지 않으면, 2100년이 오기 전에 인류는 지구파괴라는 종말을 맞을지도 모른다.

기후변화는 국가 간의 분쟁이나 전쟁에도 큰 영향을 끼치고 있다. 따라서 지구촌의 기후변화는 국가안보와 세계 평화와도 직결되고 있다. 2005년 수단 공화국 다르푸르 지역에 극심한 가뭄이 들었다. 아랍계 유목민 간에 서로 부족한 물을 확보하려는 충돌이 내전으로 격화됐다. 이 전쟁으로 200만 명이 죽고, 400만 명의 난민이 발생했다. 21세기 최대의 '기후전쟁'이 벌어진 것이다.

시리아는 2006년부터 5년간 이어진 극심한 가뭄으로 곡물 생산이 급감하면서, 생존의 위협에 내몰린 농민 수백만 명이 도시로 이주했다. 이들 이주민의 시위가 도화선이 되어 2011년 내전이 일어나, 20만여 명이 사망하고 500만여 명의 난민이 발생했다. 2013년부터 4년간 브라질에 살인적인 더위를 동반한 가뭄이 계속되었으며, 이로 인해 대도시의 상수원이 고갈되면서 식수 공급까지 제한되어 관광산업이 엄청난 타격을 입었다.

　지난 100년간 기후재난은 이전보다 40배나 증가하고, 21세기 들어와서 그 빈도와 강도는 더욱 극심해지고 있다. 최근 LA 산불과 한국의 산불 등 세계 곳곳의 초대형 산불도 기후변화와 밀접한 관련이 있다. 이제 기후변화는 한 지역과 국가는 물론 지구적 차원의 안보와 평화마저 심각하게 위협하기 시작했다.

　어디 이뿐인가 기후변화는 한 국가의 지속 가능한 발전을 잠식하고, 미래 세대의 삶마저 위협하고 있다. 직접적인 사례로 페루를 들 수 있다. 기후변화로 인해 지난 30년간 안데스산맥의 만년설 22%가 사라졌다. 이로 인해 해마다 5%씩 녹아 없어져 완전 소멸 시계가 더욱 앞당겨질 것으로 예측된다. 갈수기에는 만년설이 흘려주는 물로 식수는 물론 농공업용수까지 충당했다. 그런데 이 만년설이 고갈되면 페루의 과수 농사와 광산업은 치명적인 타격을 입을 것이고, 끝내는 생산기반이 모두 사라지고 말 것이다.

　히말라야 빙하는 '아시아의 물탱크'로 불린다. 이 물탱크가 기후변화로 인해 해마다 5%씩 감소하고 있다. 인류 문명의 요람이자 젖줄이던 인도의 갠지스강과 인더스강, 이집트의 나일강, 중국의 황허강, 동남아시아의 메콩강 역시 갈수기에 물 부족으로 몸살을 앓고 있다.

지구온난화와 기후변화로 인한 강물의 패턴이 예측 불가한 상황으로 치달음으로써 국가의 치수와 이수를 더욱 어렵게 하고 있으며, 국가 간의 분쟁이 전쟁으로 돌변할 수도 있는 위험성이 커지고 있다. 즉 식수와 농공업용수 확보와 이용을 둘러싸고 세계 곳곳에서 분쟁이 발생하고 있으며, 기후위기가 격화될수록 분쟁은 전쟁으로 비화되고 있다. 기후변화는 단순히 환경이나 에너지만의 문제가 아닌 국가안보와 세계평화의 요체가 되어버린 것이다.

올바른 정치가 작동되어야

이제 우리는 무엇을 어떻게 해야만 하는가. 기후변화는 현대문명이 낳은 복합적 문제로서, 정치권이 이를 직시하고 기후위기를 줄이기 위한 획기적인 정책들을 내놓아야 한다. 그래서 6월 3일 조기 대선은 실로 중대한 주권자인 국민의 정치적인 권리 행사이다. 국민이 선택한 새정부는 정치를 정상화하고, 환경과 에너지 그리고 기후변화 대응에 대한 정책을 근본적으로 수정하고 새로 수립해야 한다. 기후변화 대응이 갖고 있는 복합성 때문에 범정부적으로 이를 추진해 나가야 할 것이다. 그러기 위해서 올바른 정치가 제대로 작동해야만 한다.

6.3대선을 통해 우리 정치가 정상으로 돌아가고, 새정부가 기후변

화 대응을 선도적으로 이끌어가기 위한 국제적 이니셔티브를 잡아나 갈 필요가 있다. 뒷북이나 치고 퇴행이나 일삼아온 비정상적인 윤석 열정부의 악순환을 과감히 끊어내야 한다. 그리하여 **대한민국이 21세기 기후위기시대 극복을 주도하는 선도국가로 거듭나야 한다. 그것이 모든 국민이 안전한 환경에서 지속 가능한 삶을 영위할 수 있는 필요조건의 사회를 구축하는 길이다.** 그리고 환경도 살리고 신재생에너지와 무한동력 기술혁명도 앞당기면서 지속 가능한 경제발전도 이끌어낼 수 있는 길이다.

지난해 말 개봉되어 우리나라를 비롯하여 세계적 흥행에 성공한 영화 〈아바타: 물의 길〉에서 주인공 네이티리가 전하는 성찰의 이 말을 기억하자.

"모든 에너지는 잠시 빌린 것이야. 언젠가는 돌려줘야 해"
지구도 미래세대에게 잠시 빌린 것이므로, 우리는 깨끗하게 쓰고 후세들에게 건강한 지구를 물려줘야 한다. 그게 지구에 대한 최소한의 예의이다.

09

언론 · 정보 혁신 •

언론은 진실에 따라
살기 시작해야 합니다.
이야기를 만들려고 하지 마세요.
마이클 밴더빈

한국 언론의 서글픈 현실

소속 국회의원이 108명이나 되는 공당의 추락이 바닥을 모르고 이어졌다. 그것도 자칭 80년 역사를 자랑하는 전통의 보수정당이고, 집권 여당이었다. 국민의힘 얘기다.

그런 정당이라면 적어도 가짜뉴스의 생산과 유포와 선동의 원천인 극우 유튜버와는 명확히 선을 그어야 했다. 그러나 그들은 극우 유튜버의 가짜뉴스를 받아 확대 재생산하고, 심지어 가짜뉴스를 직접 생산하여 극우세력을 선동하기까지 했다. 그러다가 급기야 반민주적 극우세력의 몸통으로 거듭나 공당임을 포기하는 상황에 이르렀다. 내란 수괴 혐의로 탄핵당한 자당의 대통령을 감싸느라 벌어진 일이다. 그러고도 정권을 되찾겠다며 재집권의 욕망을 불태우고 있다.

그러면서 가장 즐겨 쓰는 무기가 여전히 극우세력과 합을 맞춘 가짜뉴스 생산과 유포를 통한 흑색 선동이다.

이런 행태는 대통령 탄핵 국면에서 절정을 이뤘다. 극우 유튜버들이 퍼뜨린 문형배 헌법재판소장 권한대행에 대한 허위정보가 국민의힘 국회의원의 발언과 공식 입장 등으로 기사화되면서 연일 극렬한 기세를 떨쳤다. 관련 허위정보가 '극우 커뮤니티 유포-국민의힘 공식화-레거시 미디어 확대 재생산' 이라는 유통 라인을 타고 수백 건이나 유통되었다. 정정 보도는 유통 건의 3분의 1에 불과했다. 정치의 위기가 언론의 위기를 부추기는 꼴이다.

박민영 국민의힘 대변인이 극우 커뮤니티를 통해 퍼진 허위정보를 바탕으로 문 권한대행 사퇴를 촉구하는 논평을 발표한 것이 지난 2월 13일이다. 짜깁기와 허위조작을 통해 헌법재판소를 흔들려는 의도가 다분한 허위정보였지만 상당수 언론은 검증이나 비판 대신 국민의힘 논평을 확대 보도하며 허위정보 확산에 동조했다.

윤석열 대통령이 비상계엄선포 명분으로 내세웠던 부정선거 음모론도 마찬가지다. 이미 근거 없다는 대법원판결이 나온 데다가 국정원과 수사당국이 모두 조사하여 종결한 사안임을 뻔히 알면서도 극우 커뮤니티가 유포한 실체도 없는 부정선거 가짜뉴스를 받아 확대 생산하는 게 한국 보수언론의 서글픈 자화상이다.

극우세력의 돈벌이 난장판

극우 커뮤니티와 정치세력이 이런 사태를 조장해온 근원에는 극단적이고 자극적인 표현으로 버무린 가짜뉴스가 큰 돈벌이가 된다는 데 있다. 지난 탄핵 국면은 우리 민주주의를 회복하는 과정이었지만, 극우 정치세력과 유튜버들의 돈벌이 잔치판이기도 했다. 이런 난장판을 정리하지 않으면 한국 민주주의는 언제라도 다시 위기에 빠질 수 있다. 따라서 민주주의를 지키기 위해서는 언론 혁신은 한시라도 미룰 수 없는 시급한 과제이다.

언론 혁신의 핵심은 징벌적 손해배상제도를 도입하여 감당할 수 없는 수준으로 금액을 높이는 것이다. 징벌적 손해배상 제도는 손해배상의 경우에 가해자의 행위가 악의적이고 반사회적일 경우 실제 손해액보다 훨씬 더 큰 배상액을 부과하는 제도를 말한다. 허위사실 보도나 유포로 얻는 이익이 법적 처벌로 받는 손해를 감수하고도 남는 장사가 되는 한 언론 공론장에서 가짜뉴스 퇴치는 불가능하다. 그러므로 허위사실 관련 범죄에 대한 징벌적 손해배상액을 해당 언론사나 커뮤니티가 폐문할 수준으로 높일 필요가 있다. 언론을 참칭한 장사꾼들이 표현의 자유라는 방패 뒤에 숨어서 민주주의를 파괴하는 대가로 돈벌이하는 사태를 이대로 방관하고서는 대한민국 민주주의의 선진화는 요원하다.

상황이 이러한데도 언론단체는 징벌적 손해배상제도를 한사코 반대만 하고 도를 넘어선 허위보도 방지에 대한 대안은 내놓지 않고 있다. 언론단체의 반발과 국민의힘의 반대, 그리고 윤석열 정부의 관련 법률안 거부권 행사로 인해 '언론 중재 및 피해구제 등에 관한 법률' (언론중재법) 개정안이 수년째 발이 묶여 있다. 그런 사이에 한국 언론 생태계는 극우 돈벌이 세력의 난장판이 되었다. 내란 옹호도, 서부지법 침탈 폭동도, 헌재 파괴 위협도 '언론의 자유' 와 '국민저항권' 이라는 허황된 명분 아래 용인되고 있다.

윤석열은 체포되기 직전에 관저를 찾은 이들에게 "요즘 레거시 미디어는 너무 편향돼 있으니 유튜브에서 잘 정리된 정보를 보라" 고 조언했다고 한다. 미국이나 한국과 같이 민주주의가 자리 잡은 나라에서도 거짓말과 궤변으로 점철된 극우 유튜브에 정치가 인질로 사로잡히는 일이 벌어진다. 정치의 속물화를 옹호한 마키아벨리는 '정치에서는 효율적으로 상황에 대처하고 필요에 따라 기민하게 기회를 포착하는 것이 중요하다' 며 정치와 거짓말이 결탁할 가능성을 열어두었다.

코로나보다 무서운 거짓말 바이러스

소셜미디어에서 유독 정치 관련 가짜뉴스가 번성하는 이유는 정치가 혐오·공포·분노 같은 격렬한 감정을 유발하는 데는 제격으로 돈벌이가 되기 때문이다.

유발 하라리 히브리대 교수는 '거짓은 진실보다 빠르며, 아이디어의 완전한 자유시장은 진실을 희생시키고 분노와 선정주의 확산을 부추긴다'고 지적한다.

소셜미디어 등장 초기에는 정보 공유, 자유로운 의견 표출, 다양한 토론을 통해 시민 정신을 고양할 거라는 낙관론이 대세였다. 2011년 튀니지와 이집트에서 일어난 시민 혁명에서도 소셜미디어는 정부 통제를 받는 레거시 미디어를 대신하는 대안 언론으로 부상했다. 한국에서는 주요 선거에서 청년들의 투표 참여 독려 등 정치 관심과 정치 효능감을 높이는 민주주의의 유용한 진지로 큰 기대를 모았다.

지난 12월 3일 밤, 국회의 계엄 해제 의결에도 소셜미디어가 큰 역할을 했다. 지방에서 상경한 농민들의 '남태령 대첩' 역시 소셜미디어의 힘으로 삽시간에 공감과 연대, 결집을 이뤄냈다.

이처럼 지성의 공유와 참여의 공론장으로 기능하는 소셜미디어는 공론장을 폐허에 빠뜨리고 민주주의를 파괴하는 기능도 동시에 이루어지고 있다.

진실을 추구하는 언론을 희망하며

공익을 대변하고 살아있는 권력을 비판하는 저널리즘이 사라진 가운데 방송과 신문은 급변하는 미디어 환경에서 존재감을 상실해가고 있다. 이 시대의 언론(인)은 시민들에게 어떤 모습일까? 권력의 안위나 이익보다 국민의 편에 서서 진실을 알리는 사명을 실천하고 있다고 믿는 사람은 과연 몇이나 될까?

"난 국가, 애국심보다 진실이 더 중요하다고 생각해. 난 애국주의자가 아니야. 자기 국가, 자기 정부, 자기 사회라 하더라도 진실을 기본 정신으로 삼지 않는다면 난 그 국가에 대한 충성을 거부했어. 진실만이 내가 추구하고 숭배하는 가치야."

언론의 자유를 지키느라 평생을 권력의 핍박에 시달린 언론학자 리영희의 일침이다. 언론 혁신이 왜 필요한지, 혁신의 자침은 어디를 향해야 하는지는 자명하다.

10
인구·노동·
지역 혁신 •────────────

일이 재미있으면 인생은 낙원이다.
그러나 일이 의무라면 인생은 지옥이다.
막심 고리키

사회적 포용성은 시대정신

오랫동안 단일민족의 신화에 갇혀 살아온 우리 사회의 맹점은 다양성과 포용성의 결핍이다. 다양성을 인정하고 포용하는 데 유난히 인색한 결과다. 그런 다양성과 포용성이 척박한 토양에서 혐오와 배제와 분열의 언어가 자라 난무한다. 여성 혐오, 장애 혐오, 약자 혐오, 피해자 혐오, 지방 혐오, 난민혐오, 인종혐오, 정치혐오, 종교 혐오, 가난 혐오 등 온갖 혐오의 말로 대상을 함부로 찌르고 베는 일이 일상이 되었다.

더구나 세계는 다문화사회가 보편 사회형태로 빠르게 확장해가고 있다. 유럽과 북미는 이미 오래전부터 폭넓게 다문화사회를 구성하고 있고, 우리나라도 빠르게 다문화사회가 확대되고 있다. 다문화사회가 갈등을 최소화하고 하나의 공동체 사회로 융합하려면 다른 무엇보다 다양성과 포용성의 가치가 중요하다.

역대 정부는 인구 절벽 문제를 해결하는 데 지금껏 출산 장려에 초점을 맞춰 왔지만, 빗나간 과녁이다. 물론 출산 장려 정책도 장기적 관점에서 체계적으로 접근한다면 어느 정도 효과를 보겠지만, 아무래도 근본 대책은 되기 어렵다. 저출산 대책의 일환인 인구유입과 다문화 사회문제의 근본 해결 실마리는 바로 사회적 다양성과 포용성의 확대에 있다.

포용성은 주로 외부인의 유입에 대한 사회구성원의 인식이나 사회보장제도 적용 차원에서 논의되어온 개념이다. 그 사회가 외부인을 수용하는 데 얼마나 너그러운가 하는 것이다. 지역 공동체 형성과 공공 정책 실행에서는 일찍이 중요한 가치로 작용해온 개념이다.

이런 다양성과 포용성이 기업 활동에도 중요한 요소로 작용하여 기업이 다양한 인력을 보유할수록 더 많은 이윤을 창출한다는 조사 결과가 나와 있다. 그렇다고 인력의 다양성 자체가 그런 결과를 낸다는 건 아니다. 기업이 조직 문화 차원에서 다양성을 수용하고 권장하면서 상호 협력을 북돋는 포용성을 적극적으로 실천한다는 전제에서 다양성이 가진 잠재력을 말한 것이다.

포춘지 선정 500대 기업 중 75%가 IT 기업이다. 인적 구성상 다국적 기업의 면모가 강한 IT 기업은 다른 업종의 기업들보다 다양성과 포용성이 특히 더 요구된다. 구글은 지난 5년간 대표성이 부족한 집단(흑인을 포함한 소수인종)의 간부직 비율을 꾸준히 늘려왔는데 2025년 올해까지 30%로 늘리겠다는 계획이다. 구글은 동시에 전체 그룹 차원에서 소수인종 인권 증진 관련 사업에 막대한 지원을 아끼지 않는다.

국내의 대표적인 IT 기업인 카카오는 카페, 블로그, 브런치, 댓글 같은 커뮤니티 서비스를 이용할 때 차별과 편견 그리고 각종 혐오를 조장하거나 폭력을 선동하는 행위를 금지했다.

노동시장의 변화와 새로운 기회

세계 노동시장의 변화 추세를 OECD가 주기적으로 연구·조사하여 발표해온 〈신고용 전략〉을 보면 20년 전에는 경제활동 참여도를 높이고 일자리의 질을 개선하는 데 초점을 둔 데 비해 10년 전부터는 노동시장의 포용성을 새롭게 강조한다. 노동자와 기업이 기술 발전과 산업 환경 변화에 적응하고 신기술을 활용하도록 지원하고, 그에 따른 수익 증대의 혜택을 고루 누리도록 노동시장의 포용성을 확대한다는 것이다.

최근의 〈신고용 전략〉은 양질의 일자리 창출 확대를 위한 환경 촉진, 노동시장에서 배제와 위험으로부터 노동자 보호, 급변하는 노동시장에서 미래의 기회와 문제에 대한 대비라는 3가지 전략을 혁신 정책으로 권고한다. 여기에서 한 걸음 더 나아가 포용적인 노동시장 구축을 지원하도록 권고하는데, 이는 미래 변화에 대한 대처를 고려한 것이다.

〈신고용 전략〉을 한국의 노동시장에 적용하면 먼저 일자리의 질을 높이기 위해 노동시장의 이중구조를 완화하고, 비정규직 비중을 축소하며, 삶의 균형을 위해 실질적인 노동시간 단축과 노동환경 개선이 요구된다. 다음으로는 노동시장의 포용성을 높이는 정책이 요구된다. 가령, 취업 취약 계층(청년, 여성, 장애인 등)에 특화된 고용정책을 시행하고 사회보험의 적용을 확대하는 것이다.

또 하나는 사회 보호 체계를 확대하고 혁신하는 정책이 요구된다. **디지털을 넘어 AI의 산업 적용 확대에 따라 증가하는 새 고용 관계에서 노동자를 보호하기 위한 사회보장제도를 혁신하는 한편, 직무역량 교육훈련 지원을 확대하는 것이다.**

해답은 다양성과 포용성의 확대

미래사회의 가장 중요한 변화로는 인구 구조의 변화, 과학기술 발전에 따른 사회 변화, 기후변화에 따른 환경 위기 등을 꼽을 수 있다. 미래가 이미 진행되는 현실이기도 하다.

인구 구조의 변화는 크게 두 방향에서 진행된다. 하나는 인구가 증가에서 감소로 돌아서는 것이고, 다른 하나는 인구의 고령화가 심해지면서 사회가 점점 더 늙어가는 것이다.

인구 감소세는 합계 출산율로 보면 그야말로 추락 수준이다. 1970년대 초반만 해도 4.50명을 웃돌던 합계 출산율이 1980년대 중반에 2.0명대까지 떨어지더니 2018년에는 급기야 1.0명대 아래로 떨어졌다. 이렇게 계속 떨어지다가 지난해에는 0.75명으로 0.03명이 올라 일단 하락이 멈춘 것은 다행이지만, 반등 추세라고 속단하기는 아직 이르다. 이후 획기적인 대책이 없는 한 여전히 극적인 반전은 기대하기 어려울 성싶다.

한 국가가 인구 규모를 현상 유지하려면 합계 출산율을 최소 2.0 이상은 유지해야 하지만, 우리나라는 세계에서 유일하게 0명대의 합계 출산율을 8년째 이어오고 있다. 전체 인구는 이미 6년 전에 이미 정점을 찍고 자연 감소세로 돌아서 감소세가 더욱 가파르게 진행되고 있다. 지금 수준의 합계 출산율 추세가 이어지면, 2024년 말 현재 5,121만여 명인 우리나라 인구는 2100년이 오기도 전에 절반 이하로 줄어들 것이다.

급격한 인구 감소로 청년 인구는 더욱 줄어드는 반면에 초고령화로 노인 인구만 늘어나 전체 사회를 지탱하는 생산력의 토대가 무너진다는 것이 가장 큰 문제다. 그만큼 생산연령인구의 부양인구 부담이 커져 사회가 생기를 잃고 마침내는 소멸의 위기에 빠질 수 있다.

우리나라는 2006년 저출산·고령사회위원회 설치를 계기로 인구 구조 변화에 적극적으로 대응하고 나섰지만, 아직 낙관할 만한 성과를 내지는 못하고 있다. 그때부터 지금껏 출산 및 육아 지원정책을 중심으로 관련 정책 집행에 300조 원이 넘는 막대한 재정을 투여했지만, 합계 출산율 하락을 막지 못했을뿐더러 구조적인 문제는 여전히 해결의 실마리조차 찾지 못하고 있다. 사실 이 문제는 초당적으로 장기적인 정책을 수립하여 실행해야 해결을 볼 수 있는 국가적 과제다.

그러나 **저출산 흐름을 개선하는 정책만으로는 미래를 온전히 대비할 수 없다. 그런 노력을 기울이는 한편으로 인구 감소 시대에 대비한 경제사회 시스템으로의 전환을 준비할 필요가 있다. 바로 다양성과 포용성을 확대하여 좀 더 개방적인 사회 구조와 환경을 조성할 필요가 있다. 답은 단편적인 정책보다는 전체를 아우르는 다양성과 포용성에 있는지도 모른다.**

인구 구조 변화와 제조업의 재발견

우리나라 인구 구조의 변화에서 가장 우려되는 바는 앞에서 언급했듯이 인구 감소와 고령화다. 이 두 가지 요소는 지역이나 국가의

240

소멸에 관련된 문제로, 노동시장을 재편시킬 것이고 경제에 두루 큰 영향을 미칠 것이다.

평균수명 증가와 합계 출산율 감소로 급속하게 고령화해가는 우리 사회의 인구 구조는 이미 우려의 수준을 넘어섰지만, 아직껏 뾰족한 개선 대책은 나오지 않고 있다. 합계 출산율의 하락은 경제활동인구의 감소를 불러 노동시장에 직접적인 영향을 미친다. 이에 따라 산업 구조도 상당히 변화할 수밖에 없다.

그렇지 않아도 이미 오래전부터 직종별·직장별로 극심한 공급 불균형 상태에 빠진 우리나라 노동시장은 인구 구조 변화의 영향을 본격적으로 받게 되는 시점에서는 혼란이 가중될 우려가 크다.

인구의 고령화는 노동력 감소로 이어질 수밖에 없다. 노동인구가 고령화되고 고령자의 노동참여율이 낮아질수록 노동력 공급이 그만큼 줄어들어 기업과 산업 현장에서 노동력 확보에 어려움을 겪게 마련이다.

복지 및 사회 안정 분야도 인구 고령화의 영향을 받는다. 관련 예산이 대폭 늘어나고 정책 방향의 변화가 요구된다. 노동참여율이 현저히 떨어지는 고령 인구가 늘어남에 따라 사회보장제도와 노인복지 정책 등을 개편할 필요가 생긴다. 또 인구 구조에서 상당한 비중을 차지하는 노인들의 사회참여와 경제공헌을 통한 자아성취 기회를 확대하고 촉진하기 위한 중장기 대책도 필요하다.

고령 인구의 증가는 노동력의 생산성과 창의성에도 영향을 미친다. 또 외국인 노동력의 유입과 여성의 노동시장 진출에도 영향을 미쳐 노동 인력의 다양성을 증가시킨다. 특히 외국인 노동력 유입에 따른 다문화 인구의 증가는 다양한 문화와 언어를 반영한 다양한 업무 환경과 인재의 유입을 의미한다. 이는 기업의 국제화와 세계시장 진출 기회를 제공하는 긍정적인 영향을 미치게 될 것이다.

노동시장을 변화시키는 가장 큰 요인은 기술의 발전이다. 특히 인공지능으로 표상되는 지능정보기술이 이미 노동시장에 지각변동을 일으키고 있다. 지능정보기술의 발전과 동시에 진행되는 산업구조의 변화 역시 노동시장에 커다란 영향을 미친다. 그동안 노동시장에서 고용의 중심축을 담당해온 제조업이 날로 축소되는 산업구조의 변화는 선진국이라면 피할 수 없는 추세다.

제조업은 경제발전 단계에서 하방하는 추세를 보여, 선진국에서 개발도상국으로 그 중심축이 하향하여 옮겨간다. 19세기에는 광대한 식민지를 거느린 영국이 제조업의 세계 챔피언이었다. 그러나 20세기 들어 식민지를 잃은 영국의 제조업이 쇠퇴하고 미국이 제조업으로 강성했다. 20세기 후반, 전후에는 독일과 일본이 제조업으로 부흥하며 미국에 능가하는 제조업 강자로 성장했다.

1970년대부터 본격적으로 제조업에 명함을 내민 한국은 불과 30년 만인 20세기 말쯤에 제조업의 강자로 부상했다. 주요 선진국들과 거의 어깨를 나란히 하기에 이른 것이다. 그 무렵부터 중국이 무섭게 추격하기 시작하여 지금은 세계 최대의 제조업 강국이 되었다.

노동력을 상대적으로 많이 필요로 하는 노동 집약 산업인 제조업은 산업구조가 고도화된 나라일수록 채산성이 떨어져 아직 산업구조가 고도화되지 않은 국가로 이동하는 것이 자연스러운 현상이었다. 이른바 오프쇼어링(off-shoring) 현상이다. 선진국들이 생산시설을 노동임금이 저렴한 개발도상국으로 앞다퉈 옮긴 것도 채산성 때문이다.

그러나 계속된 기술의 발전으로 자동화의 '스마트' 한 세상이 열리면서 사정이 크게 달라졌다. 스마트 공장이 등장하면서 제조업이 더는 노동 집약 산업이 아닌 최첨단산업이 된 것이다. 거기에 경제안보 문제까지 추가되었다. 이런 상황을 배경으로, 선진국들이 개발도상국으로 내보낸 생산시설을 다시 자국으로 되가져오는 리쇼어링(reshoring) 정책을 적극적으로 추진하면서 유럽연합과 미국, 일본 등을 중심으로 제조업 부흥 바람이 불고 있다. 제조업의 유턴 현상이 갈수록 확대되는 것이다. 미국과 중국의 살벌한 경제전쟁 이면에는 그런 사정이 있다.

과학기술의 발전과 일자리 전쟁

지능정보기술의 영향은 이미 산업생산 과정의 변화에서 나타나고 있으며, 각종 키오스크(은행이나 관공서 또는 정류장과 같은 공공장소에 설치된 무인 정보 단말기)나 앱을 통해 서비스 부문의 자동화를 체감하고 있다. 지능정보기술의 영향은 미래직업의 변화에 점차 더욱 확대되겠지만 노동시장과 고용에 미치는 영향은 이미 진행되고 있다.

지능정보기술의 고도화에 따른 자동화의 영향은 단순한 일자리를 넘어 전문화된 일자리로 확대될 것이다. 이미 많은 일자리를 기계로 대체해온 기술의 발전은 곧 전문화된 일자리도 대부분 기계로 대체할 것이다. 기존의 단순 작업을 대체하던 기술에 비할 수 없을 정도로 획기적으로 발전하는 지능정보기술은 인간의 인지능력이나 판단능력까지 복제하여 기계에 구현할 정도로 발전했다.

노동시장의 이런 변화에 따라 미래의 직업은 현재와는 사뭇 다른 양상을 보일 것이다. 현재의 많은 직업이 사라지겠지만, 상당수의 직업은 차원을 달리하여 살아남을 것이고, 어떤 직업은 더욱 잘나가게 될 것이다. 그러나 대체적으로는 많은 새로운 직업이 생겨날 것이다.

인공지능이 바꾸는 산업과 노동

오늘날 기술의 발전은 인공지능의 진화로 표상된다. 바야흐로 인공지능 전성시대다. 산업 현장은 물론이고 가정까지 우리 사회 곳곳에 인공지능이 베푸는 세례가 장차 빈틈없이 퍼져 우리는 인공지능을 토대로 삼은 일상을 영위하게 될 것이다.

이제 인공지능은 제4차 산업 혁명의 도래와 함께 이론적 담론을 넘어 기술 혁신을 통해 산업구조와 사회의 변화를 선도한다. 인공지능에 기반을 둔 다양한 지능형 정보시스템이 사회를 작동시키는 지능정보사회로 들어섰다. 지능정보사회에서는 인공지능을 장착한 지능형 시스템이 단순 업무뿐 아니라 고차원적인 정신노동의 영역까지 확대되면서 노동시장에 변화의 회오리바람이 불 것으로 보인다.

인공지능을 비롯하여 사물인터넷(IoT), 3D프린팅, 로봇, 빅데이터, 블록체인, 나노 기술, 바이오 기술 등 지능정보기술의 발달은 우리 인간의 생활양식과 가치관에 커다란 영향을 미쳐 우리 사회의 패러다임을 바꾸는 대변혁을 촉발하고 있다.

기술 발전에 따른 노동시장의 전망은 긍정론과 부정론이 첨예하게 엇갈린다. 기술 발전이 노동생산성을 향상하고 산업 효율성을 증대시켜 노동시장의 질을 높여줄 것이라는 견해가 긍정론의 주류를 이룬다. 그와는 반대로, 기술의 급속한 발전이 갑작스러운 직무변화 대응에 실패한 많은 노동자를 실직시킬 것이고, 제반 사무와 생산수단의 자동화에 따라 일자리가 크게 줄어들 것이라는 우려가 부정론의 주류를 이룬다.

새 정부는 이런 양면을 모두 고려하여 혁신 정책을 수립하고 실행해야 할 것이다.

AI 전성시대, 정부의 책무

자동화에 따른 21세기 노동시장의 충격은 산업혁명에 따른 19세기 영국의 노동시장 충격에 비견된다. 사회의 대처와 융화 여부에 따라 그 충격은 미풍으로 끝날 수도 있고, 19세기의 충격을 능가하는 태풍으로 휩몰아칠 수도 있다. 한 가지 다행인 것은 19세기에 비하면 노동자의 권리가 헌법에 보장을 명시할 정도로 크게 향상되었다는 것이다.

산업 혁명의 물결에 휩쓸린 19세기 영국에서는 최대 산업인 방적 산업의 생산시설이 기계화되어 대량생산이 가능해지면서 많은 숙련공이 일자리를 잃었다. 공장에서는 비교적 임금이 비싼 숙련공 대신 저임금으로 부릴 수 있는 비숙련공을 고용함으로써 방적 노동자의 임금을 계속 하락시켰다. 그런 가운데 식료품을 비롯한 생필품의 물가가 가파르게 오르면서 많은 노동자가 빈곤과 굶주림에 시달려야 했다.

당시 영국은 노동자를 보호할 제도적 장치가 전혀 없을뿐더러 오히려 노동자의 권리를 억압하는 단결금지법을 제정하여 사용자의 편익만 앞세웠다. 노동자는 단체교섭도 파업도 할 수 없었다. 짓밟힌 권리 회복을 위해 아무것도 할 수 없던 노동자들에게 선택의 여지는 없었다.

결국, 기계화로 일자리를 잃거나 터무니없는 저임금으로 생존의 벼랑에 내몰린 노동자들이 공장의 기계를 파괴하기 시작하면서 '러다이트 운동'이 시작되었다. '러다이트'는 운동을 선도한 인물의 이름에서 따온 것이다. 1811년 말에 노팅엄 부근에서 시작된 기계파괴운동은 이듬해에 영국 전역으로 번졌다.

기술 발전에 따른 사회 변화에 대해 노동시장이 균형을 잃고 적절하게 대응하지 못하면 이런 일이 벌어지는 것이다.

생산 방식의 자동화에 따른 노동력 대체현상은 상당한 사회경제적 파장과 변화를 몰고 올 것으로 보인다. 지능정보사회에서는 기존의 노동시장에서 대부분의 고용을 책임지면서 경제 성장의 중추 역할을 해온 제조업이 현저히 축소되고 있다. 그런 가운데 열린 커뮤니티 플랫폼을 통해 개방적 혁신을 지향하는 공유경제가 확대되고 있다. 그에 따라 노동시장도 기계가 인간을 대체하는 변화의 물결을 맞아 많은 일자리가 사라지고 또 새로운 일자리가 생길 것이다.

세상에서 아무리 좋은 것도 긍정적인 작용이 있으면 부정적인 작용이 따르게 마련이다. 그 부작용을 최소화하는 것이 문제를 예방하고 해결하는 길이다. 기술 발전이 노동시장에 미치는 영향 역시 마찬가지다. 기술 혁신에 따른 사회 전반의 효율성과 생산성 향상이 향후 노동시장에서의 일자리 감소 및 실업률 상승과 같은 사회문제로 이어지지 않도록 충분한 사회적 논의를 통한 협력체계를 수립할 필요가 있다.

산업화 시대에 형성된 기존의 노동관을 성찰하고 새로운 시대정신

과 사회 환경에 적합하도록 재해석해야 할 것이다. 더불어 문화와 여가에 대한 인식의 전환도 필요하다.

사회 환경 개선이 최고의 출산 정책

고전 경제학의 아버지로 불리는 애덤 스미스가 일찍이 '인구 증가세는 국가 번영의 정도를 보여주는 가장 분명한 척도'라고 한 통찰은 오늘날에도 여전히 유효하다. 한국을 비롯한 동아시아 지역의 놀라운 경제 성장 역시 인구 증가에 힘입은 바 크다. 그런데 지난해 한국의 합계 출산율 0.68명은 전쟁 기간에도 보기 드물 정도로 낮은 수치다. 이 추세가 이어지면 한 세기 후에 한국의 총인구는 1,500만 명선으로 급감하고, 500~600년이 지난 시점이면 최후의 한국인이 사망함으로써 멸종될 것으로 예측된다. 설마 하겠지만, 이미 진행되고 있는 시나리오다.

더 늦기 전에 인구 절벽에 대한 대응 방안을 마련하고 문제를 풀어가야 한다. 저출산 문제의 책임을 개인에게 돌려 여성에게만 출산과 육아 의무를 지운다면 문제를 풀 수 없다. 지역별 가임기 여성 수로 순위를 나타낸 '대한민국 출산지도'를 작성하여 공개하는 공공기관의 행위, 낙태 반대 주장에 저출산 문제 해결이라는 프레임을 씌워 선동하는 종교계 일부의 행위 등은 여성을 애 낳는 도구로 취급하는 도착된 인식으로 여론의 뭇매를 얻어맞았다.

국가를 운영하고 사회를 이끌어가는 주체인 젊은이들이 결혼해 살고 싶고, 또 아이를 낳아 기르고 싶은 마음이 드는 사회를 만들기 위해 고민하기보다 아이를 낳으면 한 명당 얼마씩 돈을 주겠다는 식의 정책을 남발하는 것도 문제다. 중앙정부든 지자체든 고령화와 저출산 문제에 대응한다면서 그렇게 현금을 뿌리는 식의 정책을 쏟아내 지난 20여 년간 300조 원에 가까운 예산을 들이부었지만 뚜렷한 성과를 거두지 못했다. 문제에 접근하는 발상과 방향부터가 본질에서 비켜난 탓이다. 무슨 제도를 마련하고 정책을 집행하기 전에 본질을 파고들어 근본적인 방안을 고민하기보다 우선 인기를 끌 법한 미봉책에 연연하기 때문에 벌어지는 일이다.

그렇다면 어떻게 해야 할까?

출산율이 1.79명으로 떨어지자 국가비상사태를 선포하고 저출산 문제 해결에 발 벗고 나선 프랑스나 출산과 양육에 따른 사회경제적 환경을 획기적으로 개선한 스웨덴처럼 저출산 문제 해결에 어느 정도 성공한 나라들의 사례를 참고하는 것도 필요하겠지만, 국내의 사례에 이미 결정적인 해답이 있다.

저출산 문제는 고용과 노동정책을 포함한 사회 전반의 복지 인프라 개선 정책이 없이는 풀기 어렵다. 2021년 전국 합계 출산율이 0.81인데, 가장 낮은 지역과 가장 높은 지역의 편차가 2배나 난다. 서울시가 0.63명으로 꼴찌고, 세종시가 1.28명으로 으뜸이다. 어찌 된 걸까? 바로 여기에 저출산 문제를 완화할 실마리를 찾을 수 있다.

세종시는 출산과 육아에 있어 전국에서 가장 좋은 환경을 갖춘 도시로 알려졌다. 여기 사는 사람들 대다수가 공무원이거나 공공기관 정규직 직원이어서 비교적 안정된 직장생활을 누린다. 민간 기업 종사자보다 출산·육아 관련 지원을 더 많이 받는 데다가 휴직도 경력 단절 염려 없이 마음 편하게 신청할 수 있다. 게다가 맞벌이 부부가 선호하는 국공립 유치원·어린이집 비중도 광역단체 중 가장 높다. 아이를 낳아 키우기에 경제적·사회적으로 전국에서 가장 좋은 환경을 갖춘 것이다.

바로 세종시처럼 아이를 낳아 키우기에 좋은 환경을 만드는 것이 인구문제를 해결하는 기본적이고도 핵심적인 방안이다. 지금껏 대중요법의 선심성 정책에 쏟아부은 막대한 재정을 출산·육아 환경 개선에 집중투자했다면 현재와 같이 절망스러운 지경까지는 이르지 않았을 것이다. 원점에서 다시 구상하여 근본적이고도 실질적인 방안을 마련해야 할 때다.

저출산과 고령화에 따라 생기는 생산연령인구의 부양인구 급증 문제를 우선 완화하는 방안으로 적극적인 이주민 유입 정책과 은퇴자의 재교육 취업 정책을 제시하는 의견도 있다. 필요한 정책이지만, 이주민을 그저 부족한 노동력을 메우는 수단으로 인식하고 취급해서는 안 된다. 이주민을 노동력이 아니라 공동체를 함께 꾸려갈 시민으로 받아들여야 우리는 문제를 본질에서 해결할 수 있다.

우리가 명심할 것은, 저출산에 따른 인구 절벽의 현실이 던지는 메시지는 그저 미래 노동력이 부족하게 생겼으니 잘 대처하라는 것이 아니라 우리가 그토록 자랑스러워하는 대한민국이 '새로운 세대를 낳고 키울 수 없는 불모지가 되었다'는 사실이다. 중요한 것은 부족한 노동력을 어떻게 메울 것인가를 궁리하는 것이 아니고, 그에 앞서 **인간이 인간답게 살 수 있는 환경을 어떻게 만들어 갈 것인가를 고민하는 것이다. 문제의 본질을 외면하고서는 영영 문제를 풀 길이 없다는 사실을, 특히 우리 정치인이 깨달아야 할 것이다.**

인구문제는 곧 지역소멸문제

인구문제는 지역소멸과도 긴밀하게 연결되어 있다. 출산율 감소로 인한 인구 절벽 위기는 지역에 이중고를 안긴다. 인구의 자연 감소에 더해 그나마 좀 젊은 축에 드는 인구가 계속해서 수도권으로 유출되는 나머지 소멸의 시계가 점점 더 빨라지고 있다. 그래서 **인구혁신은 곧 지역 혁신과 상통한다. 인구를 돌보는 일이 지역을 살리는 길이고, 지역을 살리는 일이 국가를 살리는 길이다. 지역이 소멸하면 국가는 자동으로 소멸할 것이다.**

재작년 11월 2일에 열린 '2023 지방시대 엑스포 및 지방자치 · 균형 발전의 날 기념식에 참석한 윤석열 대통령은 "이제는 지방시대"라며 지방시대 퍼포먼스를 벌였다. 그 며칠 전에 김포시장이 느닷없이 김포의 서울 편입을 주장하고 나섰는데, 국민의힘이 이에 화답하듯 '메가시티 서울'을 당론으로 추진하겠다고 나섰다. 김포를 비롯한 서울 주변 도시들을 모두 서울에 편입하여 초거대도시를 만들겠다는 구상이다. 그동안 줄곧 지방균형발전을 외쳐온 국민의힘의 돌발 행동은 정치 불신을 자초하며 거센 비판 여론에 직면했다.

여론이 불리하게 돌아가자 국민의힘은 '메가 부산'이니 '메가 광주'니 하며 마구 갖다 붙이며 여론의 반전을 꾀하지만, 우리 국민이 그런 임기응변의 농간에 쉬이 넘어갈 만큼 어리석지 않다.

'메가시티'란 본래 지역 간 산업 · 문화 · 교통 등 전반의 유기적 연계를 강화해 규모의 경제와 지역주도형 균형발전을 주도하는 개념인데, 행정구역 통합이나 인구 확대 등에 초점을 맞춘 여당의 졸속 방안은 지금껏 추진해온 지방 발전 정책에도 역행하는 모순이다.

우리나라의 가장 큰 문제 중 하나는 국가 자원과 역량의 수도권 집중 심화 현상이다. 특히 교육과 문화의 극심한 서울 편중은 세계적으로도 유례를 찾아볼 수 없을 만큼 심각한 상황이다. 그런 서울을 중심으로 나날이 비대해진 수도권에 전체 인구의 절반인 2,500만 명이 모여 산다.

이와는 반대로 수도권을 제외한 나머지 지방은 날로 말라간다. 참여정부 때부터 본격적으로 지역균형발전 정책 추진에 들어가 행정수도를 지방에 신설하고, 국책기관과 공기업을 대거 지방으로 이전하며, 수도권 밖에 본사나 생산시설을 설치하는 기업을 지원하는 등 다양한 노력을 기울여 왔지만, 아직 획기적인 변화는 만들어내지 못하고 있다.

제2의 도시인 부산마저 인구가 400만 명에 근접했다가 점점 줄어들어 2024년 말 현재는 326만여 명이다. 거의 인구 소멸단계로 접어든 군 단위 지역은 행정 역량이 고갈되어 해당 지역의 중심도시로 편입된 지 이미 오래다. 지역 내에 시 단위 도시를 품지 못한 군만 지금까지 시로 편입되지 못한 채 군으로 남은 실정이다.

이제는 비수도권 지역 인구가 줄어드는 지방소멸에서 일부 수도권과 광역시 인구까지 줄어드는 지역소멸 단계로 들어서는 현상이 나타나 지방 문제는 점점 더 심각해지고 있다. 출산율 저하에 더해 인구유출이 지역소멸의 주요 원인으로 밝혀져 종합적인 균형발전 대책이 요청된다.

산업연구원 조사에 따르면 전국 228개 시·군·구 가운데 임박한 소멸 위기 지역이 60곳에 이른다. 소멸 우려 지역까지 합하면 110곳으로 전체의 절반이나 된다. 따라서 지역균형발전은 국가의 존망이 걸린 중차대한 과업이 되었지만, 수도권이 연관산업, 글로벌 교통,

교육, 문화 등 기업 활동과 국민 생활에 미치는 편익이 너무 커서 다양한 지방 유인 정책이 실효를 거두지 못하고 있다.

지방균형발전이라는 시대적 과업을 이루기 위한 지역 특화 산업 진흥을 두고 다양한 정책이 수립되고 지원 방안이 강구되어 실행되는 가운데 효과도 적잖았지만, 시행착오도 많았다. 지역 특화 산업 정책을 펼 때는 몇 가지 고려할 점이 있다.

먼저 중앙정부 주도의 하향식 지방 육성을 위한 산업정책에서 벗어나야 한다.

그렇다면 어떻게 해야 할까?

지자체와 지역주민이 지역 특성에 맞춰 주도하는 정책 시행이 되어야 한다. 다음으로는 지역 산업구조를 개편하고 그 지역에 특화된 산업을 발굴하여 육성해야 한다. 또 제4차 산업 혁명 시대의 요청에 부응하는 산업정책을 펴되 시행 주체를 지방정부 중심에서 지역 기업 중심으로 전환해야 한다. 끝으로는 지자체의 재정자립도를 높이는 것이 선결 조건임을 잊지 말아야 한다.

그런 방안들을 실행하기 위해서는 지리적으로 인접한 지역의 주요 특구·지구 등을 연결하고, 해당 지역의 특화 산업 육성과 생태계 구축을 통해 혁신역량이 집적된 지역경제 거점을 육성할 필요가 있다.

그리하여 수도권 외의 14개 시·도에 지정된 지역혁신클러스터를 통해 특화 산업 육성에 필요한 기술 개발, 기업 유치, 네트워크 구축·운영 등의 지원을 확대해야 한다.

　지역 특화 산업 지원에 관한 해외사례를 보면 우리 정책을 수립하는 데 좋은 참고가 될 수 있다. 영국은 창업기업과 중소기업에 대한 혜택을 확대하기 위해 사업투자보조금, 지역 벤처 자본기금 등 별도 재원을 마련하여 운영한다. 스웨덴은 지역 내 고용 창출에 최우선순위를 두고 지역투자보조금과 지역고용보조금 지원정책을 시행한다. 프랑스는 사업자 외 노동자에 대한 보조금 지급으로 수도권에서 지역으로의 이전을 유도한다. 일본은 지자체에 권한을 위임하여 지역별 제도 활용의 유연성을 확보한다.

　이처럼 지역 특화 산업에 대한 지원을 확대하는 것도 지역경제 활성화에 큰 도움이 되겠지만, 역내 중소기업 성장을 지원하는 일도 그에 못지않게 중요하다. 비수도권 기업의 99%가 중소기업이고, 노동자의 91%가 중소기업에 종사한다. 이렇게 보면 지역 중소기업 활성화 없이는 지역 경제 활성화도 어렵다는 것을 알 수 있다.

하드웨어를 넘어 소프트웨어로

　지역을 살리는 혁신의 초점을 산업에만 맞추는 건 한계가 있다. 지역 특색을 살리는 아이디어는 문화가 더 풍부한 원천이 될 수도 있다. 여기에는 인구를 대하는 발상의 전환이 필요하다. 지역소멸을 막는 데 꼭 상주인구를 늘려야 한다는 고정관념에서 벗어날 필요가 있다. 방문인구를 늘리는 방안도 지역소멸을 막는 데 상당히 유효하다. 최근 수원시와 인제군의 '기적의 도서관'이 그런 기적을 보여준다.

수원 스타필드는 개장 10일 만에 84만여 명이 방문했다. 별마당도서관 때문이다. 쇼핑몰 한가운데 높이 22m의 웅장한 도서관이 들어서 방문객들을 매혹한다. 발길이 저절로 도서관으로 향한다. 그 발길들이 소문에 소문을 내서 별마당도서관은 독서 손님들로 미어진다. 꼭 책을 읽고 싶어서 온다기보다 쇼핑몰 한가운데 우뚝한 뜻밖의 공간에 신선한 충격을 받는다고 한다. 사람들은 그 공간에 있으면 드는 느낌이 '오랜만에, 내가 사람이구나, 하는 것을 실감하게 돼서 행복해진다'는 것이다. 그래서 '쇼핑 왔다가 도서관에 들르는 게 아니라 도서관 온 김에 쇼핑한다'는 인식의 전환이 일어나게 된다는 것이다.

2023년 6월에 문을 연 강원도 인제군의 '기적의 도서관'은 개관 1년 만에 10만여 명이 다녀갔다. 인제군 상주인구가 3만여 명이다. 방문인구가 상주인구의 3배를 넘긴 것이다. 무슨 거창한 축제가 아니어도 지역을 매혹의 공간으로 변신시킬 수 있다는 좋은 사례다.

인제의 이 도서관은 높이 11.5m로, 지하 1층에서 지상 2층까지 열린 극장과 열람석이 계단으로 이뤄졌다. 도서관 홈페이지는 매일 아침 새로 '오늘 마주친 한 구절'을 올린다. 하루는 '나는 도서관에서 자유를 만끽했다. 수천 권, 수만 권의 책들을 마음대로 들여다보고,

마음대로 거닐고, 특별한 분위기와 다른 독자와의 조용한 동행을 즐 겼다' 는 문구가 올라왔다.

2018년 뉴욕타임스에 '삼청공원 숲속 도서관에서 혁신의 미래를 보았다' 로 시작되는 글을 기고한 작가 올리버 색스의《모든 것은 그 자리에》에서 골라낸 문구다.

도서관이라는 하드웨어를 갖춰 놓고 그저 누가 오기를 기다리는 게 아니라 다양한 소프트웨어로 사람들의 마음에 파문을 내고 실시간의 소통으로 감동을 선사하자 발길이 저절로 향하는 것이다.

11
복지
혁신 ●─────────────────

복지는 그 무엇보다도
사람을 섬기는 일이다.
알버트 슈바이처

세금 걷는 일은 납세자의 감정을 돌보는 일

복지란 무엇인가? 복지는 "사람들이 자신의 잠재력을 최대한 발휘할 수 있도록 돕는 것"이라는 정의가 대체로 통용되는 개념이다. 넬슨 만델라의 표현을 빌리면, "복지는 인간이 인간다움을 실현할 수 있는 환경을 조성하는 것"이다.

"우리 사회의 진정한 강점은 가장 취약한 이들을 어떻게 대하는지에 달렸다"는 마하트마 간디의 말은 진짜 강한 나라는 사회적 약자가 인간답게 사는 포용적 복지국가라는 뜻이다.

2022년 대선 국면에서 기본소득 정책에 대한 논쟁이 일었다. 이번 6.3 조기 대선에서도 그 논쟁은 이어질 것이다. 복지에 대한 관점을 어떻게 가져가야 하는가, 즉 선별적 복지를 해야 하는가 아니면 보편적 복지를 해야 하는가에 대한 논쟁이다. 선별적 복지는 일정 요건을 충족하는 사람만 선별하여 복지 혜택을 주는 것이고, 보편적 복지는 모든 사람에게 복지 혜택을 주는 것이다.

그런데 보편적 복지는 한국 사회의 일반적 정서로는 아직도 선뜻 받아들이기 어려운 낯선 복지 개념이다. 복지를 재분배 측면에서만 바라보는 데 익숙해 있기 때문이다. 재분배 차원에서의 복지는 부자한테서 세금을 더 걷어 가난한 사람을 지원하는 것이다. 소득의 재분배라는 측면에서 선별적 복지는 장점이 많지만, 복지 혜택 대상을 선정하는 데 시간이 오래 걸리고 큰 비용이 발생한다는 단점이 있다. 그에 더해 결정적으로는 부자들의 증세에 대한 거부감, 즉 조세저항 심리가 강하다는 것이다.

소득의 절반을 세금으로 걷어 세계 최고의 복지국가를 실현한 북유럽의 조세정책은 보편적 복지를 기반으로 삼은 것이다. 가령, 대학까지 모든 교육과정을 가난한 사람에게만 무상으로 제공하는 것이 아니라 빈부에 상관없이 전 국민에게 무상으로 제공한다. 부자가 아이들 대학 보낼 돈이 없는 건 아니지만, 자기가 낸 세금의 혜택을 자기도 받는다는 점에서 조세저항 심리가 한결 누그러진다. 내 돈을 국가에 강탈당한다는 느낌이 훨씬 덜하므로 국가가 추진하는 복지 정책에 대한 사회적 합의에 큰 거부감 없이 동의하게 된다.

능력주의와 편익주의의 조화

모든 국가 재정사업이 그렇지만 복지도 돈이 있어야 한다. 따라서 어떤 복지 정책이든 모든 논의는 '재원을 어떻게 마련할 것인가?' 로부터 출발한다. 증세 없는 복지는 불가능하다는 것은 이론의 여지 없는 자명한 명제다. 물론 재정 적자를 늘려 임시변통할 수는 있지만, 재정 건전성을 생각하면 지속 가능한 방법이 못 된다.

그동안 정치권의 감세 논의는 법인세 등 기업에 한정되었지만, 지난 2월부터 개인의 소득세 인하까지 확대되는 상황이다. 소득세 물가 연동제는 물가가 오른 만큼 과세액에서 빼주자는 것인데, 논란이 쉽게 정리될 것 같지 않아 보인다. 그만큼 예민한 사항이고, 다른 과세 항목에도 영향을 미칠 수 있어 간단한 문제가 아니다. 대선 정국이라서 국민의힘도 이에 질세라 더 센 감세 공약을 내세우는 형국이다.

기획재정부에 따르면 2023년 기준 한국의 조세부담률은 20.4%로 OECD 회원국 평균(25%)보다 낮다. 특히 누진세 구조인 소득세를 깎아주면 상대적으로 고소득층이 혜택을 더 보게 되어 소득 재분배 취지에 역행한다. 2024년에 소득 상위 10%가 전체 종합소득세의 85%를 부담한 사실이 그 역행을 뒷받침한다.

증세 대안 없이 감세만 하면 가뜩이나 부족한 세수가 더 줄 수 있다. 최근 2년간 총 87조 원의 세수가 구멍 났다. 윤석열 정부 3년간 기업투자 촉진이라는 명분을 내세워 전방위적으로 감세를 남발한 참사다. 올해 국세 감면액은 78조 원으로 역대 최고 수준(15.9%)이다.

상속세를 줄이려면 소득세를 높여 균형을 맞추는 식으로 세수를 보존해야 하는데, 그런 종합적인 접근 없이 단편적인 조세 감면만 추진한 나머지 조세부담률이 점점 줄어 궁극적으로 정부가 복지를 위해 아무것도 할 수 없게 된다.

윤석열 정부가 복지와 감세를 동시에 확대한다는 양립 불가능한 궤변을 정책으로 내걸고 우왕좌왕하다가 망했는데, 선거 국면에서 여야 막론하고 또 '복지 확대, 증세 반대' 라는 양립 불가능한 정책 구호를 들고나와 우려가 크다.

납세자를 기준으로 조세를 보는 관점에는 크게 두 가지가 있다. 능력주의와 편익주의다. 능력주의에서는 혜택과는 상관없이 돈을 많이 벌면 그만큼 세금을 더 낸다. 편익주의에서는 혜택을 많이 받는 사람이 그만큼 세금을 더 낸다.

현행 조세 제도의 관점은 능력주의에 치우쳤다. 능력주의는 형평성이나 공정성의 관점에서 보면 타당하지만, 조세 부담의 양극화가 심해질수록 편익주의 관점도 고려할 필요가 있다. 증세를 좋아하는 사람은 아무도 없으며, 부자일수록 조세 회피 능력도 뛰어나서 조세 저항 강도에 따라 납세액이 크게 차이가 날 수 있다. 세금은 많이 내는데 혜택받는다는 느낌이 들지 않는다면 조세 회피는 더욱 심해질 것이고. 이는 곧 사회적 비용 증가로 이어질 것이다. 이제 부자들의 조세저항에 대응하기 위해서라도 복지 혁신에 연동하여 조세 혁신을 고민할 때가 되었다.

오늘날 우리의 재정 여건이나 복지 소요 예산, 조세부담률 등을 고려하면 증세가 불가피하다. 적어도 최근 수년간 감세한 부분을 원위치하는 작업이 필요하다. 증세를 위해서는 부자뿐 아니라 전체 시민의 조세저항 심리를 완화해야 한다. 조세저항을 유발하는 여러 요인 중 가장 중요한 건 국민의 정부에 대한 신뢰도다. 정부에 대한 신뢰가 낮을수록 조세저항이 높아진다. 높아진 조세저항 심리는 지하경제를 양성하여 세수 감소를 부른다. 신뢰를 높이려면 조세 혁신을 이루고 정부 생산성을 높여야 한다.

우리는 그동안 기업 생산성만 따지느라 바빴는데, 정부 생산성도 그에 못지않게 중요하다. 한국의 정부 생산성은 OECD 평균보다 낮은 편인데, 정부 예산이 비효율적으로 쓰여 실질적으로 세수 감소 효과를 초래하고 있다는 의미다. 그래서 정부 혁신이 필요하다고 한 것이다.

경기 침체는 사회적 약자의 재난

2024년도 예산안 시정 연설에서 윤석열 대통령은 "사회적 약자를 두텁게 지원하겠다"고 천명했다. 그러나 정작 그 직후 정부가 제출한 예산안에는 청소년, 장애인, 이주노동자, 아동, 여성, 노인 등의 사회적 약자를 돌보는 데 꼭 필요한 사회안전망 예산이 대폭 깎였다. 윤석열 대통령은 임기 내내 말과 실제 정책이 달랐다. 그러고도 그에 대해서 해명하거나 수정한 적이 한 번도 없었다. 정치인의 말은 그저 여러 번 반복된다고 해서 신뢰를 얻지는 못한다. 말이 곧 정책으로 일치되어 실행되어야 신뢰를 얻는 법이다.

윤석열 대통령 임기 3년간 부자 감세와 경기 침체로 인해 100조 원에 이르는 세수가 구멍 났다. 정부가 명분으로 내세운 부자 감세에 따른 경기 활황은커녕 불황이 장기화한 데다가 불확실성에 대응하느라 사면초가에 빠졌다.

경기가 불황일수록 살기가 더 어려워지는 것은 사회 취약계층, 즉 사회적 약자다. 그러므로 빚을 내거나 다른 예산을 감축해서라도 사회 취약계층을 보호하기 위한 예산은 더 늘려서 적극적으로 민생을 안정시켜야 한다. 그런 정책이 경기를 회복하는 데도 효과적이다.

사회안전망은 사회적 위험에 노출된 취약계층이 최소한의 인간적인 삶을 영위할 수 있도록 지켜주는 필수 장치다. 또 인구 절벽과 일자리 부족과 같은 사회적 위기에 대응하는 데 필요한 시스템이다.

우리나라 소득보장제도는 여러 차례 보완을 거듭해왔지만, 아직도 사각지대가 적잖은 등의 여러 문제를 안고 있다. 가장 큰 문제는 날로 심해지는 노동시장의 이중구조다. 대표적으로는 정규직과 비정규직의 이중구조다. 정규직은 안정된 수입으로 조세를 부담하면서 사회보험을 비롯한 각종 소득보장제도의 혜택을 누리지만, 비정규직은 상대적 저임금에다가 상시로 해고의 불안을 안고 일하면서 소득보장제도의 혜택에서 제외되어 있다. 저소득에 따른 면세 또는 감세 혜택으로 소득보장제도의 극히 일부를 대신할 뿐이다.

통계청이 발표한 〈2023년 8월 경제활동인구 노동 형태별 부가조사〉에 따르면 우리나라 전체 임금 노동자는 2,195만여 명이고, 그 가운데 정규직이 1,383만여 명, 비정규직이 812만여 명이다. 비정규직 가운데는 시간제 노동자가 387만여 명, 일용직 노동자가 195만여 명이다.

그런데 비정규직 노동자 수는 그 전해보다 약간 줄었지만, 정규직과의 임금 격차는 166만여 원으로 2017년 이후 6년째 더 벌어지고 있다. 비정규직 월평균 임금(195만 7,000원)은 정규직(362만 3,000원)의 54%에 불과했다.

비정규직 노동자 가운데 시간제 노동자 비중이 더 높아져서 전체 비정규직 노동자의 월평균 임금이 낮아지는 구조는 더 열악해지는 일자리 환경을 말해준다. 임금 격차뿐 아니라 사회 보험 가입률도 차이가 커서 정규직과 비정규직의 실질 소득 격차는 명목상의 임금 격차보다 더 크다. 비정규직 노동자의 사회 보험 가입률은 국민연금 38.4%, 건강보험 52.6%, 고용보험 54.2%에 불과하다.

산업과 사회 전반의 디지털 대전환에 따라 많은 일자리가 없어지는 대신 새로운 일자리가 생기지만 고용의 이중구조와 그에 따른 임금 격차는 더욱 심해질 것이다. 정규직으로 대표되는 고용의 중심부와 비정규직으로 대표되는 고용의 주변부의 격차가 날로 더 벌어지는 가운데 기술 발전에 따른 노동시장의 충격으로 주변부의 고용회복이 더 어려워지면서 소득 분배가 악화할 것으로 예측된다.

노동시장의 공정성 확보가 시급한데 어려운 과제다. 사용자 측에서는 노동시장의 유연성이 필요하다며 비정규직의 정규직화에 반대한다. 그렇다면 먼저 동일가치노동 동일임금원칙이 전제되어야 한다. 같은 일을 하고도 임금을 절반밖에 받지 못하는 부당한 대우를 받으니까 비정규직이 늘 문제가 되는 것이다. 그러므로 동일가치노동 동일임금원칙이 정규직화보다 우선하는 원칙이 되어야 한다. 그러면 많은 문제가 저절로 해결된다. **'동일노동 동일임금' 원칙의 정립을 위한 임금체계 개혁은 소득보장체계 개혁과 함께 추진될 필요가 있다.**

사회적 약자 보호를 위한 안전망

사회적 약자를 보호하는 최우선 방안은 무엇보다 먼저 차별하지 못하도록 제도로 보호하는 일이다. 요즘은 드물지만, 예전에는 구인난에서 '용모 단정하고 신체 건강한 40세 이하의 대졸 남성' 과 같은 문구는 흔했다. 그런데 대개는 채용 조건이 직무와 연관성이 별로 없는 데다가 이 문구로 보면 5가지 차별이 존재한다. 생김새로 차별하고, 신체장애로 차별하고, 나이로 차별하고, 학력으로 차별하고, 성별로 차별하는 것이다.

우리 사회에서 이렇게 차별은 일상에서 알게 모르게 공기처럼 존재한다. 사회적 약자가 되어 보지 않으면 대개 느끼지 못하는 차별이지만, 막상 사고로 신체장애를 입거나 사업 부도를 맞아 노숙자로 떠돌거나 나이 들어 거동이 불편해지거나 커밍아웃을 하거나 하면 차별을 뼈저리게 느끼게 된다.

우리 사회에서 존재 자체로 부당하게 차별받지 않아야 한다는 데 이견은 없을 것이다. 그런데 '차별금지법'이 논란이 되는 것은 안타까운 일이다. 차별금지법을 정치적 또는 종교적 이유로 무조건 배척하기 전에 법의 전모를 꼼꼼하게 들여다보고 법의 취지를 정확히 이해하는 절차가 필요하다. 이렇게 할 수 있도록 이끄는 것은 정치가 할 일이요, 언론이 할 일이다. 차별금지법뿐 아니라 어떤 새로운 법이든 다른 의도로 법의 본질을 왜곡하고 극히 일부분을 침소봉대하여 선동하게 되면, 우리 사회의 변화와 혁신은 요원할 것이다.

대통령을 약자라고 우기는 국가인권위

국가인권위에 진정된 차별행위는 해마다 꾸준하게 증가한다. 그러나 국가기관에 호소할 수 있는 차별은 너무 제한되어 있다. 사안에 따라 관련 법이 있긴 하지만 인정률이 극히 낮아 실효성이 거의 없다. 국가인권위에 진정된 사건의 처리율은 고발 처분과 합의종결을 합해 10%에도 못 미친다. 90% 이상이 기각 또는 각하로 끝난다. 기각은 주장이나 청구를 아예 인정하지 않는 것이고, 각하는 청구의 기본 요건이 충족되지 않았다고 판단하여 조사나 판결을 진행하지 않고 해당 청구를 종료시키는 것이다.

그런 가운데 안창호 위원장 체제의 국가인권위원회는 지난 2월 10일, 윤석열 등 내란사태 주범들의 방어권 보장을 촉구하는 권고안을 6대 4로 의결했다. 인권위가 시민들의 기본권을 국가 폭력으로 짓밟은 12.3 친위쿠데타를 옹호하고 나선 것이다.

이런 만행에 '인권위 사망의 날'이라며 시민들의 성토가 쏟아지자 인권위 직원들은 기자회견을 열고 깊이 고개 숙여 사과했다. 이런 직원들의 노력이 무색하게 인권위 상임위원들은 안하무인의 태도로 궤변을 늘어놓기에 바빴다. 이충상 상임위원은 대통령이 사회적 약자라며 큰소리쳤다.

"대통령이 사회적 약자입니다. 내가 몇 번 말합니까? 헌법재판관 앞에서는 대통령이 사회적 약자입니다. 내가 재판할 때 전두환, 노태우 대통령은 철저한 약자였습니다."

김용원 상임위원은 인종 청소로 악명 높은 독재자에게도 인권이 있다고 소리쳤다.

"이번 결정이 인권위 설립 취지에 반한다 이런 이야기도 나오고 있는데, 얼토당토않은 이야기죠. '인종청소범' 밀로셰비치는 인권이 없나요?"

권고안에 반대한 인권위원들은 '인권위는 수사 중인 사안에 개입하지 않는다'는 원칙마저 저버리고 헌법재판소의 독립성을 침해했다며 안창호 위원장의 사퇴를 촉구했다.

권고안 표결이 있던 10일, 김용원 상임위원 등이 우익 폭동을 선동한 결과는 무참했다. 극우세력이 점거한 인권위는 그야말로 아수라장이었다. 이들은 회의장 길목의 통행을 막고 제멋대로 출입자의 신원을 일일이 확인했다. 사상검증을 한다며 취재진과 시민들에게 '이재명과 시진핑'에 대한 욕설을 강요했다. 사실상 무정부 상태에서 극우 폭도들의 난동이 인권위를 집어삼켰다.

윤석열은 군대를 동원해 헌법기관을 침탈한 가해자다. 이로 인해 국민 전체가 충격과 공포의 트라우마와 함께 주권자로서 권리를 억압당한 심각한 인권 침해를 받은 피해자다. 그러나 인권위는 피해자를 버리고 가해자인 윤석열의 손을 들어줬으니 인권위가 사망했다는 탄식이 나올 수밖에 없었다. 국가인권위가 이 지경인데 천지개벽 수준의 혁신이 없는 한 어떻게 사회적으로 차별받는 약자의 인권을 진정하고 의안으로 상정할 수 있겠는가.

비정규직법에 따라 차별 구제를 담당하는 노동위원회도 유명무실하기는 마찬가지다. 노동위에 제기된 차별시정 신청사건은 무시해도 될 만큼 미미한 수준이다. 위원회의 활동이 미진하거나 노동자의 신뢰를 얻지 못하고 있다는 방증이다. 중앙노동위원회에 신청되는 얼마 안 되는 사건이나마 기각 또는 각하 비율이 80~90%이니 거의 실효성이 없다고 하겠다.

심지어는 노동위원회에 차별시정 신청서를 냈다는 이유만으로 해고되는 일이 자주 일어나서 문제가 심각하다. 제도나 법은 만들어 놓기만 한다고 해서 끝나는 게 아니다. 그것이 실효를 거둘 수 있도록 여러 보완장치를 통해 잘 운용할 필요가 있다.

사회적 약자를 지키는 일이 곧 국가안전망

사회적 약자가 겪는 어려움은 어느 한 분야에 국한되지 않고 총체적이다. 경제적 어려움, 교육의 어려움, 주거의 어려움, 건강 유지의 어려움, 사회적 소외는 한 묶음으로 온다.

이런 사회적 약자를 위해 필요한 제도나 지원 방안은 다양하다. 의식주 및 의료 지원 서비스와 같은 사회복지 프로그램, 접근성 개선이나 일자리 지원 서비스와 같은 장애인 지원 프로그램, 보육 및 가정폭력 방지 서비스와 같은 가족 지원 프로그램, 독거노인 돌봄이나 고독사 방지 서비스와 같은 노인 지원 프로그램, 성 평등 정책 및 인식

전환 프로그램, 문화적 다양성 지원 프로그램, 이주민 정착 프로그램, 난민 보호 프로그램 등이 있다.

　사회적 약자를 보호하고 지원하는 데 모두 필요한 안전망이다. 넓게 보면 사회적 약자를 보호하고 지원하는 일이야말로 우리 사회 전체를 지키는 가장 중요한 사회안전망이다. 하나의 사회를 넘어 전 지구 안에서는 가난한 사람이 안전해야 부자도 안전할 수 있고, 장애를 지닌 사람이 안전해야 비장애인도 안전할 수 있다. 여성이 안전해야 남성도 안전할 수 있고, 노동자가 안전해야 자본가도 안전할 수 있고, 이주민이 안전해야 원주민도 안전할 수 있다. 누군가의 위험과 고통이 방치되면 반드시 또 다른 누군가의 위험과 고통으로 전화되기 마련이다. 인간 사회라는 생태계에는 인간의 모든 감정과 행위가 생래적으로 연결되어 있기 때문이다.

유능한 정부가 유능한 공무원을 만든다

혁신에서는 소를 누가 키울지도 살펴야

본문에서 국정 전반의 혁신 문제를 간략하게나마 짚어보았다. 그런데 그런 혁신 과제를 누가 선정하고 세부 계획을 세우며 실행할 것인가? 과제 선정은 국회가 입법을 통해 주관할 수도 있고 세부 계획은 기획재정부나 각 부처 기획팀에서 수행할 수도 있다.

가장 중요한 실행 주체는 116만여 명(공립학교 교원 포함)에 이르는 일선 공무원이다. 이들 공직사회가 움직이지 않으면 아무리 훌륭한 혁신 정책도 실효를 거두기 어렵다. 정부가 몸통이라면 정책은 뼈와 살이고, 공무원은 혈관이며, 예산은 피다. 혈관이 피를 원활하게 순환시키지 않으면 뼈와 살은 썩어 문드러지거나 말라 바스러진다. 종국에는 몸통도 소멸한다.

새 정부가 들어서면 반드시 국정 혁신 과제를 선정하는데 여기에는 정부 혁신이 항상 빠지지 않는다. 정부 혁신이라면 관료사회도 혁신 대상일 수밖에 없다. 관료사회를 대상에서 제외한 정부 혁신은 '앙금 없는 팥빵'이다. 심지어는 정부 혁신을 관료사회 혁신과 동의어로 보는 인식도 상당하다.

문제는 국정 전반의 혁신 정책을 수립하고 집행하는 주체가 관료이므로 이들을 혁신하려 들면 혁신 과제 전체가 멈춰버릴 수 있다는 것이다.

"목동들이 게으르다고 다 내보내고 나면 소는 누가 키우느냐?"는 문제에 직면하는 것과 같다.

1997년 외환위기 상황을 업고 출범한 김대중 정부의 4대 혁신 분야는 기업·금융·노동·정부였다. 기업·금융·노동 분야 혁신은 활발하게 추진되었지만, 정부 혁신은 진전이 없었다. 공무원이 움직이지 않으면 다른 혁신까지 멈출 수 있다고 판단한 김대중 대통령이 정부 혁신의 고삐를 늦추고 뒤로 미룬 것이다. 수십 년을 이어온 정부 주도 체제의 비효율을 걷어낼 기회를 놓쳤다는 비판도 있지만, 지금 와서 보면 IMF 외환위기로 인한 국가 부도 사태 속에서도 우선순위를 염두에 두고 혁신을 이끌어 간 김대중 대통령의 정치적 현실감각이 빛을 발했다는 생각이다.

혁신은 생각만으로 이뤄지지는 않으므로 이상과 현실 사이에서 균형을 잡는 일이 무엇보다 중요하다. 현실과 손쉽게 타협하는 것도 바람직하지 않지만, 현실을 외면하거나 무시하는 것은 문제를 해결하지 않겠다는 것이나 다름없다. 문제는 늘 현실에 있으므로 해답도 현실을 통하지 않고서는 구할 길이 없다.

부패는 법으로, 비효율은 제도 혁신으로

납세자인 국민은 공무원의 부패와 무능을 맞닥뜨리게 되면 절로 맥이 빠진다. 지난 2023년 새만금에서 열린 제25회 세계스카우트잼버리 행사는 세계적인 웃음거리가 된 채 막을 내렸다. 그 행사 준비에만 1,000억 원이 넘는 예산이 들어갔는데 담당 공무원들이 공무와는 아무 상관도 없는 관광지 여행에 예산을 낭비한 정황이 밝혀져 국민의 공분을 샀다. 무능하면서 부패하기까지 한 것이다. 그러나 이런 경우는 횡령과 같은 범죄로 특정하기가 모호한 지대추구(별다른 노력 없이 일정한 이득을 얻기 위하여 비생산적이고 부당한 활동에 경쟁적으로 자원을 낭비하는 행위) 영역으로 법적으로 처벌받는 일 없이 도덕적 비난만 잠시 받다가 아무 일 없는 것으로 끝난다.

관료사회 부패의 사회적 비용은 이처럼 복합적이고 확장적이다. 공권력을 이용한 부패는 어차피 근절하기가 불가능하므로 범죄 당사자 몇몇만 처벌하고 넘어가면 그만이라고 안일하게 여기기 쉽지만, 정부가 신뢰를 잃는다는 점에서 심각한 문제다. 정부의 신뢰도가 떨어지면 정책 효율성도 떨어지기 때문이다.

부패는 법으로 처벌하고 비효율은 제도 혁신으로 해소하는 게 바람직하다. 현실에서는 부패와 비효율의 구별이 모호할 수도 있고, 그 경계선에 자리한 지대추구 영역도 작지 않다. 이럴 때는 처음부터 비효율이 일어나지 않는 방향으로 정책을 설정하는 것이 상책이다.

규제보다는 예산 확충이 효과적

유능한 정부가 유능한 공무원을 만든다. 그러나 공무원이 아무리 유능해도 유감없이 능력을 발휘하도록 정부가 유인하지 못하면 거대한 조직을 방패 삼아 안주하기 쉽다. 주요 유인책은 예산과 규제다. 이는 정부의 대표적인 정책 실행 수단이기도 하다.

공무원의 정책 수행 능력을 가늠하려면 예산과 규제를 어떻게 사용하고 활용하는지 보면 된다. 그런데 같은 조건이라면 공무원에게 규제 수단보다는 예산을 더 확보해 주는 게 능력 발휘에 더 나은 유인책이라는 데 이견이 없다. 적극성을 끌어내기에는 규제보다는 예산이 더 효과적이다. 예산 집행은 기록이 남고 평가가 따르기 때문에 투명성이나 책임감 측면에서도 낫다. 그에 비해 규제는 숱한 변수가 물밑에 잠겨 정치적 비용인 지대추구나 부패가 잘 드러나지 않는다.

그러므로 정부 혁신에서는 예산 책정이 정말 중요하다. 지난 2023

년 당시 윤석열 대통령이 어디서 왜곡된 정보를 들었는지 느닷없이 '연구개발 카르텔' 운운하며 관련 예산을 대폭 삭감하는 바람에 힘없는 젊은 과학자들이 직접적인 피해를 보면서 우리 과학기술개발의 저변이 한꺼번에 무너지는 광경을 지켜봐야만 했다.

현재 한국은 반도체 기술 선도국의 지위조차 흔들리는 가운데, 인공지능기술과 휴머노이드 로봇기술은 미국은 물론 중국에도 턱 없이 미치지 못하는 현실에 처해 있다. 정부와 정치권이 이제 와서 첨단기술 R&D 예산 확충을 말하지만, 이미 초고속 열차는 플랫폼을 떠나간 지 오래다.

새 정부는 지난 정부의 무능을 답습하는 일 없이 진정 유능하기를 간절히 바라며, 제대로 된 헌법 개정을 통해 건강하고 튼실한 대한민국 제7공화국의 휘장을 힘차게 걷어주기를 기대하면서 글을 맺는다.

|참고 도서 및 문헌|

강준만 《쇼핑은 투표보다 중요하다: 정치적 소비자 운동을 위하여》 인물과사상사, 2020

김종수 《리더의 격》 모아북스 2016

노한동 《나라를 위해서 일한다는 거짓말》 SIDEWAYS 2024

박구용 《빛의 혁명과 반혁명 사이》 시월 2025

박상훈 《정당의 발견》 후마니타스 2015

박상훈 《정치가 우리를 구원할 수 있을까》 이음 2017

박영규 《세종의 원칙》 미래의창 2021

박종훈 《트럼프 2.0 시대》 글로퍼스 2024

박홍규 《우리는 꽃이 아니라 불꽃이었다》 인물과사상사 2022

밥 제숍 《국가론: 국가의 형성에서 미래의 추세까지》 여문책 2024

성경륭 외 《포용국가: 새로운 대한민국의 구상》 21세기북스 2017

신기욱 《민주주의의 모험: 대립과 분열의 시대를 건너는 법》 인물과사상사 2023

신재민 《왜 정권이 바뀌어도 세상은 바뀌지 않는가》 유씨북스 2020

안희경 《문명, 그 길을 가다: 우리는 어떤 미래를 선택할 것인가?》 이야기가있는집 2015

우석훈 《국가의 사기》 김영사 2018

임춘한 《시민의 정치학: 어른들을 위한 민주주의 교과서》 박영사 2024

정호준 《미래예보: 새로운 변화가 부른 대전환의 시대》 모아북스 2023

차병직 · 윤재왕 · 윤지영 《지금 다시, 헌법》 위즈덤하우스 2016

전주성 〈개혁의 정석〉 매일경제신문사 2024

김동춘 · 윤영상 〈왜 7공화국인가?〉, 새 시대 제7공화국을 여는 국회 정책토론회 자료 2025

김명수

현) 한국노동경제연구원 원장

현) 코리아 아카데미 포럼 이사장

• 법학 박사

김홍열

현) 덕성여대 겸임교수

현) 모아인문학당 원장

현) (사)미래학회 편집위원

• 사회학 박사, IT 칼럼니스트

김학영

현) 전남 공무원 교육원 강사(행정법, 지방자치법)

전) 청와대 법무비서관실 사정행정관

전) 서울지방경찰청 정보 과장

전) 국회사무처 근무

• 입법고시, 행정고시 합격

김형곤

현) 강남구 구의원

전) 연세벤처창업연구회 회장

• 연세대학교 영어영문학과 졸업

김주형

현) 예방치과의 수호천사 엔젤 대표

전) (사)수원민주화운동계승사업회 지도위원

전) 아주대링크사업단현장실습 수기공모전 심사위원

전) 인천일보 자문위원장

김석건

현) 경기대학교(서울평교) 지도교수

현) 서울사회복지대학원대학교 주임교수

현) 내일능력개발원 외래교수

현) MBC아카데미 사이버평생교육원 실습 지도교수

현) 서울경찰청 민간인 징계위원

현) 서울경찰청경우회 법률자문위원

현) KCA 공공기관 면접위원

• 교육학 박사, 사회복지학 박사

강해인

현) 한국지역언론인클럽(kljc)고문

현) 팔도포럼 회장

전) 중부일보 정치부장

전) 경기일보 정치부 부장, 국장

전) 한국기자협회 보도자유분과 위원장

한국기자협회 이달의 기자상, 한국기자상 심사위원

전) 한국지역언론인클럽(kljc) 회장

전) 대통령직속 지역균형발전위원회 편찬위원장

• 상담학 박사

맹진영

현) 경희대 후마니타스 칼리지 외래교수

전) 제9대 서울시의원

전) 서울시 경제민주화위원회 위원

전) 서울시의회 더불어민주당 정책부대표

전) 서울시립대 운영위원, 시립대 외래교수

• 행정학 박사 수료

박인수

현) (사) 한국크리에이터진흥협회 이사장

현) (사) 전국학교운영위원연합회 상임수석

전) 서일대학교 자산법률학과 겸임교수

• 행정학 박사, 수필가, 1급 정책분석평가사

이금규

현) 법무법인 도시 대표 변호사

전) 윤석열대통령 국회탄핵소추 대리인(국회측)

전) 박근혜대통령 국회탄핵소추 대리인(국회측)

전) 검사 재직

(수원지검 평택지청, 울산지검, 광주지검, 서울서부지검)

• 제43회 사법시험(사법연수원 33기)

정자춘

현) 더마젠(주) 대표이사, 사장

전) (사)에이직설계회사협회 회장

전) 현대전자 책임연구원

전) 전자통신연구원(ETRI) 연구원

전) 일본와세다대학교 이공학부 특별초청연구원

• 한국과학기술원(공학 박사)

조길영

현) 국회환경포럼 사무총장

전) 광운대학교 환경대학원 겸임교수

전) 울산대학교 생명화학공학부 겸임교수

전) 강원대학교 기후변화과학원 초빙교수

• 국립 금오공과대학 환경대학원 졸업(공학 박사)

조일출

전) 과학기술정보통신부 장관정책보좌관

전) 대통령직속 국가균형발전위원회 정책기획평가
   전문위원

전) 국회 입법정책보좌관

전) 민주연구원 부원장, 수석연구위원

• 한양대 경영학 학사,석사,박사(정부회계 전공)

당신이 생각한 마음까지도 담아 내겠습니다!!

책은 특별한 사람만이 쓰고 만들어 내는 것이 아닙니다.
원하는 책은 기획에서 원고 작성, 편집은 물론,
표지 디자인까지 전문가의 손길을 거쳐
완벽하게 만들어 드립니다.
마음 가득 책 한 권 만드는 일이 꿈이었다면
그 꿈에 과감히 도전하십시오!

업무에 필요한 성공적인 비즈니스뿐만 아니라 성공적인 사업을 하기 위한
자기계발, 동기부여, 자서전적인 책까지도 함께 기획하여 만들어 드립니다.
함께 길을 만들어 성공적인 삶을 한 걸음 앞당기십시오!

도서출판 모아북스에서는 책 만드는 일에 대한 고민을 해결해 드립니다!

모아북스에서 책을 만들면 아주 좋은 점이란?

1. 전국 서점과 인터넷 서점을 동시에 직거래하기 때문에 책이 출간되자마자 온라인, 오프라인 상에 책이 동시에 배포되며 수십 년 노하우를 지닌 전문적인 영업마케팅 담당자에 의해 판매부수가 늘고 책이 판매되는 만큼의 저자에게 인세를 지급해 드립니다.

2. 책을 만드는 전문 출판사로 한 권의 책을 만들어도 부끄럽지 않게 최선을 다하며 전국 서점에 베스트셀러, 스테디셀러로 꾸준히 자리하는 책이 많은 출판사로 널리 알려져 있으며, 분야별 전문적인 시스템을 갖추고 있기 때문에 원하는 시간에 원하는 책을 한 치의 오차 없이 만들어 드립니다.

기업홍보용 도서, 개인회고록, 자서전, 정치에세이, 경제 · 경영 · 인문 · 건강도서

모아북스
MOABOOKS   문의 0505-627-9784

정치본색

임종성 지음
262쪽 | 20,000원

차기대권론 (양장)

김재록 지음
418쪽 | 25,000원

정책이 만든 가치

박진우 지음
320쪽 | 22,000원
2022 세종도서 교양부문 선정

권력의 거짓말

강해인 지음
396쪽 | 22,000원

미래예보

정호준 지음
280쪽 | 20,000원

의정활동기

맹진영 · 이용욱 · 윤유현 · 제갑섭 ·
문규주 지음
292쪽 | 20,000원

공소시효

강해인 지음
216쪽 | 15,000원
2019 텍스트형 전자책 선정

내 손을 잡아줘

김선우 지음
264쪽 | 20,000원

삶을 업그레이드 하는 더 나은 삶 ─────── **모아북스 경제 · 경영 도서**

포스트 AI 시대 잉여인간

문호성 지음
272쪽 | 18,000원

김주형의 인생경영

김주형 지음
240쪽 | 20,000원

금융에 속지마

김명수 지음
280쪽 | 17,000원

4차 산업혁명의 패러다임

장성철 지음
248쪽 | 15,000원

별일 없어도 읽습니다

노충덕 지음
312쪽 | 18,000원

내 글도 책이 될까요?

이해사 지음
320쪽 | 15,000원
2021 우수출판콘텐츠 선정

누구나 쉽게 작가가
될 수 있다

신성권 지음
284쪽 | 15,000원

세종실록에 숨은
훈민정음의 비밀

우세종 지음
288쪽 | 19,800원

선도국가

초판 1쇄 인쇄	2025년 05월 12일
1쇄 발행	2025년 05월 22일

지은이	김명수 김홍열 김학영 김형곤 김주형 김석건 강해인 박인수 맹진영 이금규 정자춘 조길영 조일출
발행처	모아북스 MOABOOKS
발행인	이용길

관리	양성인
디자인	이룸
홍보	김선아

출판등록번호	제 10-1857호
등록일자	1999. 11. 15
등록된 곳	경기도 고양시 일산동구 호수로(백석동) 358-25 동문타워 2차 519호
대표 전화	0505-627-9784
팩스	031-902-5236
홈페이지	www·moabooks·com
이메일	moabooks@hanmail·net
ISBN	979-11-5849-271-7 03340